让孩子温暖地成长

王筱丽　著

学苑出版社

图书在版编目（CIP）数据

让孩子温暖地成长 / 王筱丽著.
-- 北京：学苑出版社，2018.4
　ISBN 978-7-5077-5453-7

　Ⅰ.①让… Ⅱ.①王… Ⅲ.①家庭教育 Ⅳ.①G78

中国版本图书馆CIP数据核字（2018）第060893号

责任编辑：任彦霞
出版发行：学苑出版社
社　　址：北京市丰台区南方庄2号院1号楼 100079
网　　址：www.book001.com
电子信箱：xueyuanpress@163.com
联系电话：010-67601101（销售部）、67603091（总编室）
印 刷 厂：东港股份有限公司
开本尺寸：710×1000　1/16
印　　张：13
字　　数：160千字
版　　次：2018年4月第1版
印　　次：2018年4月第1次印刷
定　　价：48.00元

写在前面

在我们的人生历程当中,如果说学校教育是我们接受过的最长时间的教育方式,那么家庭教育便是影响最深远的教育。家庭教育是终身的,它开始于孩子出生之日,甚至可以上溯至胎儿期,结束于迟暮之年。在这个过程中,家庭教育的点点滴滴无时无刻不渗透在我们的为人处世、品格秉性中。

那么,什么样的家庭教育是完美的呢?在我的教育生涯中,很多家长都试图从我这儿得到满意的答复。如果我告诉他们,孩子要几点起床、几点睡觉、每天做多长时间的作业、练多久的钢琴……家长们会非常高兴,心满意足地离开。然而,我从来没有这样做过。

我始终认为,完美的家庭教育并不是规章制度,不是模范章程。制订详细的时间表、翔实的方案,就能够确保孩子按照自己的设想去成长吗?很显然,答案是否定的。每一个孩子都是独一无二的,他们所需要的不是一板一眼的训练程序,而是有血有肉的关怀与爱。很多时候,爱是解开难题的唯一钥匙。在悉心呵护的基础上,再运用科学的教育方法,很多问题都会迎刃而解。

还有一点,在我多年的教育职业生涯中深有体会。我认为,真正优秀的家庭教育,其实就是父母的自我修行。孩子的许多问题,是照出父母不良行为的镜子。解开问题的钥匙并不在孩子身上，而在父母手里。父母的修行就是修正自己的行为，父母是原件，孩子很多时候只是在复印父母的行为模式。父母的"言传"远不如"身教"有效果。

有许多家长带着孩子找到我时，都是非常迷茫苦恼的。在他们看来，孩子不乖、毛病多、不爱学习……似乎就没有任何闪光点值得他们表扬。

有一对夫妻带着8岁的孩子来找我，倾诉孩子注意力不集中，学习时总想着玩手机、玩游戏。我问道："孩子学习时，你们在干什么呢？"得到的答复是："我们在陪着他啊，我们是称职的父母，会陪着孩子做一切事情。"表面上看起来似乎是合格的父母，用陪伴支持、鼓励孩子。然而接下来孩子说了一句话，却让父母都羞愧难当，"对，就是在旁边玩手机、玩游戏，就这样陪我。"

我察觉了问题的根源所在，开始详细了解。据孩子诉说，学习时只要他稍走神，父母便大呼小叫一顿吼，吼完了继续玩手机、玩游戏，只有孩子不得不继续学习。

于是孩子注意力不集中、学习不专心就有了答案。孩子学习，大人在旁边玩，大人都没有做出好榜样，却要求孩子专心致志学习，非但不合理，也不现实。靠打骂达不到教育的目的，被强迫性地去做事，得不到真正的效果。于是在我的帮助和指导下，这对父母有了很大的改变。陪孩子学习时，他们自己也放下了手机和电脑，而是拿起了书本，在自己的专业上进修。半年后，夫妻俩兴奋地找到我，对我感激不尽。原来，这半年中，不但孩子的成绩得到了飞跃性进步，他们二人在自己的领域上也有了更大的建树。而且更为重要的是，家庭氛围由此变得非常好，一家三口同心同力，共同进步，生活越来越美好。

这又照应了开头我所谈到的，家庭教育并不是一招一式、一字一句便能概括的，而是需要很强的专业指导，很完善的知识储备，还需要执行力、恒心、爱心与耐心。

行文至此，相信大家都清楚，家庭教育贯穿了每个人的一生，是无比重要的。然而，我也见过一些家长用道听途说的不科学、不恰当的方法来开展家庭教育，那样的后果更加不堪设想。从事教育多年，我发觉，用错方法比不用什么特定的方法更加糟糕。更可怕的是，用错方法却不自知，让孩子承受由大人的错误而导致的压力，走了许多弯路。在本书中，我将会例举一些荒谬的、不科学的教育方法，以此警醒广大家长引以为戒。科学地进行家庭教育，孩子才能健康成长，父母也能省心省力。

此外，我们需要清楚的是，其实关于家庭教育的研究，也是一直在发展当中。也曾经出现过一些理论和指导是带有偏颇性的。因此，我们要去伪存真，要取之精华去其糟粕。我在进行家庭教育指导时，会利用我的专业性，选择一些经得住时间与实践考验的方法与理论，使得孩子们最大限度地获益于此。其中，关于右脑开发的体系，便属于其中之一。

众所周知，人类的大脑分为左右两个半球，左脑主要负责人类的理性、语言、文字、分析等，右脑主要负责音乐、形象、经验、直观等认识，因而右脑"感觉"更强，我们常说的"创造性思维"也更多是右脑的产物。

事实上，右脑所负责的功能远不止上述那样的局限。科学研究发现，孩子在10岁之前，对事物的思考主要以右脑为中心，也是右脑最活跃的阶段。因此，专门针对孩童的右脑进行训练，对他们的一生都有着积极作用和深远影响。

此外，类似于右脑开发的科学理论，还有很多。在这本书中，我也会详细地介绍一些经过多年研究后被证实为科学的教育方法。孩童没有选择权来决定自己拥有什么样的父母，以及被父母用什么样的方式来养育。他们只能用一生来承受错误方法所带给他们的创伤和代价。然而身为父母，身为家长，有能力，也有责任给予孩子良好的家庭教育。

我是一名教育工作者，帮助更多家庭获得科学的教育方法，让更多的孩子挣脱不正确的教育方式牢笼，健康、优秀地成长，这不但是我的职责所在，也是我毕生的追求与理想。也因此，有了这本书的诞生。这本书，是我献给天下父母的礼物。愿所有家庭都能沐浴在科学教育的阳光里，所有孩子都能健康地度过自己人生的每一个重要阶段。爱与尊重，科学教育，是解开一切家庭难题的答案。

王筱丽

2018年3月

目 录
Contents

一、教育的本质

1. 引导孩子去成长，而非代替 / 002
2. 因材施教，教育不是复制 / 010
3. 挖掘孩子的潜能 / 015
4. 教育的终极目标 / 020

二、父母与孩子的关系

1. 孩子不是附属品 / 026
2. 该当孩子是朋友吗？ / 031
3. 怎样让孩子坦诚相待 / 034
4. 孩子没有叛逆期 / 043
5. 聪明的父母懂得跟孩子道歉 / 048
6. 允许孩子"顶嘴" / 052

三、谁担起教育孩子的重任

1. 教育，爱与责任并行 / 058
2. 买卖式教育 / 062

3.父母也能从孩子身上学习　　　　　　　　／ 066
4.赏识你的孩子　　　　　　　　　　　　／ 071

四、孩子是什么

1.孩子，你是你自己　　　　　　　　　　／ 076
2.孩子，父母不是你的用人　　　　　　　／ 080
3.尊重孩子　　　　　　　　　　　　　　／ 085
4.走进孩子的世界　　　　　　　　　　　／ 090

五、家庭教育

1.原来教育这么有趣　　　　　　　　　　／ 094
2.爱是无言的鞭策　　　　　　　　　　　／ 098
3.让孩子自己说　　　　　　　　　　　　／ 102
4.倾听孩子的心声　　　　　　　　　　　／ 106
5.对孩子也要一诺千金　　　　　　　　　／ 110
6.你缺席我的童年，我逃离你的晚年　　　／ 114

六、天才与蠢材

1.右脑开发　　　　　　　　　　　　　　／ 120
2.如何培养情商高的孩子？　　　　　　　／ 127
3.正强化与负强化　　　　　　　　　　　／ 134
4.如何"惩罚"孩子　　　　　　　　　　／ 138
5.怎样让孩子爱上学习？　　　　　　　　／ 145
6.去标签化，孩子受用一生　　　　　　　／ 149

七、孩子也是家庭组成部分

1. 不要拒绝孩子的帮忙 / 156
2. 在孩子面前可以吵架吗？ / 160
3. 不要在孩子面前讲家庭成员的坏话 / 166
4. 如果父母要离婚…… / 170

八、孩子如何对待金钱，即如何对待人生

1. 为什么要让孩子正确对待金钱 / 174
2. 如何培养孩子正确的金钱观 / 176
3. 可以用金钱奖励孩子吗？ / 179

九、当物质不再匮乏

1. 孩子缺少关爱的表现 / 182
2. 爱是无条件的，但不是无原则的 / 188
3. 了解孩子的需求 / 192

后　记 / 196

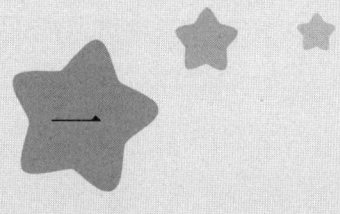

Part 1

教育的本质

1 引导孩子去成长，而非代替

探讨家庭教育，绕不开的是如何引导孩子成长？首先我们要明确的是，是引导孩子成长，而不是代替他们去成长。如今大多数家庭物质条件都比较好，孩子衣食无忧，父母操心得更多的便是孩子的行为习惯方面的培养。我见过很多家长，恨不得事事都代替孩子去做，这让我看在眼里急在心里，感到很焦虑。

孩子撞到桌角后，大哭，一般的家长见了，第一反应是抱起孩子，之后便是打桌子："让你撞我们家宝宝，打你。噢，宝宝不哭，不哭……"

这样的情景，是不是感觉似曾相识？你也是这样教育孩子的，对吗？乍一看似乎没什么问题，既安慰了孩子，又转移了责任。然而，问题就出在"转移责任"这里。这是一个非常小的细节，然而却会影响孩子的一生，自己闯了祸会不会自己承担，成年后他有没有责任感，都会在这个细节里埋下隐患。

桌椅没有动，好端端在那儿，孩子自己跌跌撞撞、蹦蹦跳跳撞到受伤了，是谁的责任？首先，是家长没有看护好，没有教育好，也没有做好相应的安全措施。其次，便是孩子自己没有保护自己的意识。总之，跟桌椅没有关系。

从宏观方面来看，如果所有的事都将责任归结到没有过错的人和事上，这样对孩子造成的影响会是什么样的呢？孩子遇事自然也会首先责怪别人。长大后遇到困难，怨天尤人怨父母，就是不会反省一下自己是否也有问题。这并非危言耸听，而是心理学家多年研究成果。

在心理学中，有一个概念叫作"偏执分裂"。所谓偏执，即"我"的判断、"我"的意愿必须坚持下去。所谓分裂，即事情一分为二，二者不能并存。"偏执分裂"这一情况是在婴儿期就已经出现的一种心理现象。

与"偏执分裂"相辅相成的是"全能自恋"。"全能自恋"这种心理也是从婴儿时期便已经有的。心理学研究发现，婴儿会有一种"我是无所不能的"感觉，会以为只要自己一动念头，这个世界就会按照"我"的意愿来运转。事实上，是妈妈或者其他养育者在满足他们的这种需求。

但随着婴儿逐渐长大，他们会发现自己并不是全能的，会逐渐接受自己的平凡，接受世界运转的规律，从而放下骄纵野蛮、自私自利的心态和表现。这跟家长们的正确教育有很大的关系。其中就包括引导孩子正确认识自己的错误，勇敢承担属于自己的责任。

"偏执分裂"和"全能自恋"两种心理，一方面会让人们有一种错觉："我怎么可能会出错？"一定是别的人或者事物造成了错误的产生；另一方面又会认为："只要我把责任推卸出去，那么就没有人知道是我的过错。"如果这两种心理受到打击挫折，就会失控。失控意味着自己不能掌控世界了,"全能自恋"感被摧毁,为了消除这种挫败感,他们就会心安理得地把一切的责任推卸给别人。

所以正确的方式是,在孩子遭受到挫折和打击时,首先要安抚孩子的情绪,让孩子在安全、舒适的氛围中平静下来。之后,再温柔地讲解挫折和打击出现的原因,如果是由于孩子自己的过错而造成的,也不能回避,要让孩子认识到原因在哪儿,并且引导下次如何避免出现同样的过错。但是不要用惩罚来让孩子认识错误。

我们要清楚的是,在成长过程中难免会有磕磕碰碰,除了原则上的错误,我们提倡多鼓励,多引导,而不是用打骂、惩罚来对待孩子。这两种处理方式得到的结果是截然不同的。

除了让别人或者事物"代替"孩子成长(帮助孩子推卸责任)这种错误做法外,很多家长还会着急地亲自"代替"孩子成长。比如,陪孩子写作业。

家长陪孩子写作业是现在很多学校要求的。当然,这样的模式是有很大的好处的。一方面,让家长参与孩子的学习,了解孩子的学习情况,也增进与孩子的互动和感情。而且,教育单靠学校的力量是远远不够的,必须有家长的参与。

但我发现,现在有些家长陪孩子写作业(简称"陪写作业")发展到了一个弊大于利的状况。他们会特别着急,孩子的智力毕竟还没达到大人的程度,理解力和思维方式都还比较受限,在做题时难免会做得慢和容易出错。这个时候有些家长就会骂骂咧咧起来,也缺乏耐心,拿起笔来就"唰唰唰"写完了。完成后大松一口气,孩子则一脸懵懂。

这样的方式,对孩子百害而无一利。在家长的批判和不耐烦中,孩子的挫败感会非常强,会变得自卑、封闭。此外,因为知道家长最后都会代劳,也懒得动脑动手了,只要表现得笨一些,终会有人来代替自己完成作业。

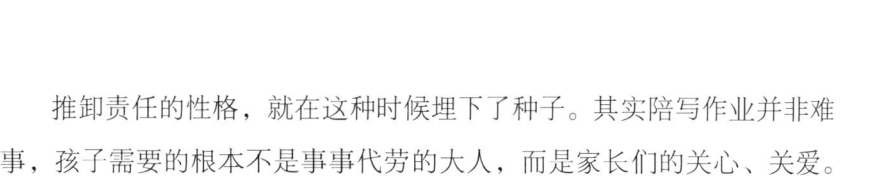

推卸责任的性格,就在这种时候埋下了种子。其实陪写作业并非难事,孩子需要的根本不是事事代劳的大人,而是家长们的关心、关爱。家长陪着孩子一同学习,会让孩子感受到温暖,知道自己不是孤独的,知道自己被爱着,被呵护着。在这种积极、正面的心态中,他会更加有动力前行。

所以,陪写作业最重要的是"陪",而不是"写"。陪伴在身旁,自己可以看书,学自己专业上的知识,当孩子遇到了难题,可以适当加以引导——当然,在引导之前,也可以用恰当的方式启发孩子自己再思考,而不着急帮忙。当孩子解决了难题时,给予肯定和鼓励。这样会让孩子建立自信心,对他将来的人生都有积极的影响。

"代替"孩子成长,还表现在不让孩子自己做事上。很多孩子直到小学都不会自己吃饭,家长说害怕筷子伤害孩子。诚然,在婴儿时期,玩耍筷子是很危险的事。但随着孩子慢慢长大,要慢慢引导他们学会自己吃饭。育儿专家提倡,在孩子表现出有意识自己吃饭时,就应该开始让孩子自己吃饭,一般是1岁半前后。虽然孩子刚开始时会吃得乱七八糟,只要事后清理好就行。这个过程会持续一段时间,但让孩子自己学吃饭有诸多好处,例如锻炼手脑协调,培养孩子不挑食等好习惯。

孩子再长大一些,能够自己穿脱鞋子、衣服,自己洗脸、洗手、收拾玩具等,也能帮忙做一些力所能及的家务时,都可以让他自己动手。虽然很多时候,大人做起这些事来只是几分钟的事,但让孩子自己做,意义是不一样的。

比如收拾玩具,大多数家长会在孩子玩耍后自己默默收拾。这会让孩子有种感觉,无论自己闯了什么祸,父母都会帮自己处理好。不要小看让孩子自己收拾玩具这件事,延伸开来,如果孩子有自己收拾玩具的好习惯，那么他也会自己完成作业，自己按时睡觉，自己收拾学习用品，自己做好学习计划……长大后，会规划自己的人生，追逐自己的梦想，在自己的领域精进……

所有的这些素质，都源自于"自律""自觉"的品质。而如果家长强行地剥夺孩子自己做自己的事的权利，强行地"代替"孩子成长，孩子将来的方方面面都会掌握在别人的手中。

上面所提到的例子，其实都只是冰山一角。追根溯源，我们探究一个问题，要从它的根本来谈起。有些家长向我倾诉时表示，他们也很苦恼。自己也深深地明白，"代替"孩子成长这种做法不好，但他们没办法改变自己，看着孩子慢吞吞地做某事，总恨不得冲上去代劳。孩子独立做任何事，他们在一旁看着都提心吊胆，生怕孩子失败。

很有意思的是，害怕孩子失败的是这些家长，害怕孩子成功的也是这些家长。是的，你没有看错，有些家长看到孩子成功做成某件事，心中会失落。

这是怎么回事？心理学上，称这种心态为"控制欲"或者"掌控欲"，有些父母会对子女产生这样的心理。控制欲是指对某一件事或某一个人在一定程度上的绝对支配，不允许意外或者差错的出现。对于人来说，指对其的绝对占有，思想上害怕这个人脱离自己的掌控。

控制欲是内心安全感不足、追求完美、谨小慎微的心理投射，是一种过度补偿的心理，也可以说是被一种恐惧感支配着。比如有些家长小时候的梦想，成年后没有实现，便会将这种心理投射在孩子身上，希望孩子延续自己未竟的理想。然而孩子是独立的个体，强硬地灌输给孩子一定要做些什么，会让孩子产生逆反心理，适得其反。再者，所要求的事情与孩子的特性不一定匹配，到头来也是一场空。

这种类型的家长,对孩子追求完美,当孩子做得不够好时,他们会焦急难耐,只有自己出马完成,心理上才会得到安慰。因此,他们总是等不到孩子自己完成任务的那一刻。再者,当孩子真正独立完成了某件事时,他们会产生一种心理:孩子似乎不再需要自己了,自己的存在意义被削弱了。于是,一种事情脱离了自己控制的恐慌感来袭,使他们感到不安。

抛开案例而言,其实仔细看一看我们周围,多得是这样的父母。我们中国人,从上一辈到现在,每一个人都是在父母的"听话""要乖"这样的教诲中长大的。对于许多父母来说,"听话"的孩子就是好孩子,一旦孩子试图发展"自我",就会被视为"坏孩子"。事实上,这也是父母掌控欲过盛的一种表现。

"听话"的孩子就真的是"好孩子"吗,"不听话"是不是就一定是"坏孩子"呢?可以明确地回答大家,两个问题的答案都是否定的。孩子"听话"也分情况,一种是他真的理解大人的用心良苦,发自内心体贴父母,想要通过"听话"来减轻父母的重担。这样的孩子的确会让人省心不少的,但孩子过早成熟也就意味着孩子过早失去童真和快乐。无形中他们可能会认为自己的存在增加了父母的压力和重担,会产生自卑心态,心理上也不快乐。这是有一定负面影响的。

再者,孩子"听话"可能并不是真正地理解大人,而仅仅是一种不安全感、讨好大人的表现。有些家长会"威胁"孩子:"你不听话,我就不喜欢你了。"更愚昧的长辈可能会说"你不听话我就把你卖了(送人)"之类的话。孩子分辨不出玩笑与真话,他们只会对大人的灌输照单全收。当自己本身不受欢迎,要靠"听话"而生存的这种观念埋于心中时,他们的不安全感便已经埋下伏笔。

日本有一部享誉世界的电影作品——《被嫌弃的松子的一生》，讲述的便是这样一个不安全感极度严重的女孩的故事。松子是非常典型的心理学上常用作分析蓝本的一个角色。小时候，因为父母都将所有的关注放在生病的妹妹身上，对她的注意非常少。她用尽一切办法吸引父母的注意，后来无意中做了一个鬼脸，一向愁云惨淡的父亲脸上展露出了笑容。

这个笑容，让松子这一生，遇到任何困难、挫折、尴尬、焦虑的事时，都会不由自主做那个怪异的鬼脸。松子一直在追逐爱，追求被爱，然而性格非常极端，极度的不安全感、自卑感笼罩着她，让她度过了非常痛苦的一生，最后在残酷冰冷的境况中死去。

松子幼年时，是一个温暖、善良、美丽的女孩。但父母的错误教育方式，造成了松子被极度不安全感包围，最终以凄惨的结局收尾。

因此，引导孩子成长，要给予足够的关爱和安全感。这又照应了本书开头所说，爱是解开一切难题的钥匙和密码。所有的家庭教育，都绝不能离开"爱"字。

学会引导孩子去成长，而非代替，首先家长们就需要学会"放手"。你要知道，孩子有自己独立的人格，他有着一切人类的心理，他需要成长，需要空间，需要尊重。

"放手"，但不"放任"是我们提倡的一种被实践证实为有效的、科学的家庭教育方式之一。还是以孩子的学习为例，父母可以与孩子商定好基本的规则、学习行为，提供必要的物质支持（如学习用具、学习设备等）。在孩子进步时给予肯定和表扬，引导孩子了解更多领域的知识，促进孩子的热情等。有规划，有指引，有帮助，也有鼓励，这就是"不放任"。

但具体到细节上，如先学习哪一科，具体题目用哪一种解法，更喜欢

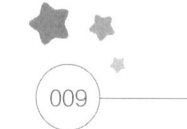

哪一门功课等，父母不加以过多的干涉，这就是"放手"。

相反，如果父母不"放手"，而是时时刻刻盯着孩子学习，冷嘲热讽、威逼利诱，会造成非常消极的影响，让孩子害怕学习。而如果父母完全"放任"，则可能会造成孩子消极怠工、懒惰拖延，"反正爸妈也不管"心态横行，弊端诸多。

父母的掌控欲还体现在父母与孩子的边界模糊，事事都试图横加干涉。是的，父母与孩子也有边界。"你"和"我"之所以存在，就是为了让我们每一个人认清自己的角色与定位。父母是父母，父母不是孩子本人。

正如我们的皮肤是抵御外部环境及细菌侵袭的第一道防线，我们的心理也有一个边界。这个边界，让我们认识到自己是一个独立的个体，自己有自由意志，有独立人格。当孩子脱离了婴儿期，他便是一个幼儿；当孩子进入儿童期，他便是一个儿童；之后是少年、青年、成年人、中年人、老年人。人的一生，就这样度过属于自己的每一个阶段。这些阶段中所经历的所有，都要靠他自己历练，没有任何人能够替代他成长。

有些父母不明白这个道理，孩子的日记他们会偷看，孩子的隐私他们想要知晓，孩子的空间他们想要入侵……对于孩子任何的行为，他们都会拿着"放大镜"来看待，这样的行为，不但让孩子感觉糟糕，而且大人也会心力交瘁。

回头再仔细想想，当为孩子的种种问题而感觉百般困扰时，是不是自己的各种问题在作怪？反思一下自己的行为和教育模式，是否存在着掌控欲过强、边界模糊的问题？如果已经意识到自己有问题但又改不掉，再来反思一下根源所在，从源头改起，那么必定会有所改善和收获。

2 因材施教，教育不是复制

当"教育"这个词出现的次数越来越多时，代表着有越来越多的人开始注重教育了。但是，到底有多少人明白什么是教育？年轻的爸爸妈妈们，也都是边走边学而已。于是，复制式教育似乎成了最简单的途径。

在我多年的教育职业生涯中，我看到过太多将复制模式用于自己孩子身上的案例。今天看到新闻说某高考状元从小怎么样培养，成为学霸，于是也跟着制订学习计划，让孩子严格执行。明天听说某某名人的儿子如何放养，最后还一曲名扬全国，因此改口让孩子随心所欲，去做自己喜欢做的事。这个专家说孩子要打，不打不成才？于是孩子稍有犯错抓起来就是一顿狠打。那个专家说孩子不能打，打了就是不尊重孩子？所以孩子犯了原则性错误也只是一笑了之，听之任之。爸妈们一直摇摆着，想给孩子找一个模范对象，最后，孩子活在别人的世界里，既丢失了自己，也无法成为他人。

有一对夫妻忧心忡忡地找到我,诉说他们的孩子不成才。经过了解,我得知他们的孩子性格文静,乖巧听话,表面上看起来与普通的孩子无异。"不成才"一词从何而来?原来,孩子不管学什么都是三分钟热度,总是半途而废,几乎没有一项技能是能真正掌握的。每次兴致上来了,央求父母让他学,但很快就会失去兴趣,夫妻俩为此操碎了心。"××家孩子学这个挺好的,坚持了多少年,为什么你就不行?"夫妻俩总是这样念念叨叨,恨铁不成钢。

但是就我了解和观察得知,我认为孩子本身没有太大的毛病,反观父母,却发现了许多教育方面的弊端。

这对夫妻对孩子寄予厚望,倾尽一切去教育孩子,望子成龙的心态从不掩饰。孩子还没满周岁的时候,他们就教孩子识字,家里买了很多识字卡。后来听说小孩太早识字不好,会影响以后读书识字的兴趣,又把家里的识字卡全部扔掉。孩子2岁半的时候,听朋友介绍国学幼儿园,觉得早读圣贤书的孩子明事理,于是托关系把孩子送去学"四书五经"。后来朋友的儿子考上名牌中学,听说从小就读双语学校,英语超级好。于是又让孩子从国学幼儿园退学,花了很多钱让孩子去读双语幼儿园。孩子读小学的时候,一开始他们每天接送,后来看孩子的同学在学校住宿,很独立,又安排孩子住宿,那时候他们的孩子才7岁……

类似的事情一直在他们家发生。作为父母,他们没有自己的"三观",一直受外界影响;作为他们的孩子,又如何能够坚定自己的信念,活出自我呢?

古人言,人在做,天在看。其实把这句话放到家庭中也适用,大人在做,小孩在看。以身作则的重要性,从来就不可忽略。

也有些家长明白要以身作则,但又因为自身不够优秀,在严格要求自己、要求孩子的同时,还希望孩子可以超越他们,做到更好。拿身边其他孩子成功的案例去刺激自己的孩子,让孩子以此为榜样,这成了父母的撒手锏。当孩子稍有不合意,一句"你不如××",即可让孩子沉默。殊不知,每个孩子都是独一无二的,无可比较,不可复制。

世界上没有完全相同的两片树叶,也没有完全相同的孩子。哪怕是双胞胎,也有某种程度上的区别。很多家长盲目跟风,为了塑造一个他们满意的孩子,却给孩子带来了毁灭性的伤害。或许有人觉得我这样说是夸大其词,但投入教育行业多年来,我真的深深体会到有些孩子心中有着永远也无法弥补的伤痕。

一位孩子家长刘女士,是从北京过来的,在北京有自己的公司,家庭条件很好。孩子13岁了,叛逆,不爱学习。最近因为教育问题和家里闹了矛盾,甚至动手推了自己的母亲。这位母亲非常伤心,觉得自己养了一个白眼狼,为孩子的未来以及自己的晚年很是担心。

当她带孩子出现在我面前时,我在一瞬间捕捉到孩子眼里一闪而过的不耐烦。她才开口说了几句话,孩子便找了个理由走开了。她对着孩子的背影嚷道:"能不能学着你表姐点,讲讲礼貌。"孩子关门的动作在瞬间粗暴起来,"砰"的一声响。

她很抱歉地看着我,说,这孩子做事没耐心,比同龄人差远了,性格暴躁,也没半点同龄人的沉稳。

我总算明白了是什么因导致这个果。对,让孩子去模仿别人的性格。不像表姐一样有礼貌,又被拿去跟同龄人相比。他一直被要求复制别人,所有言行举止都被设定在别人的标准里,超过标准即是错。父母只知道责

备他,从未想过,每个孩子都是一颗特别的种子,会长出属于他们自己的果子。

其实,父母要做的就是陪伴当浇水,赞赏当阳光,奖励当施肥。看着孩子慢慢成长,告诉孩子,世界上没有一样的树,也不会有相同的果子,你要活出你自己,结一个属于自己的果子。可是,有多少孩子,一直被迫学习别人,忽略自己的天性。成为最好的别人,是他们一辈子的努力。

又是一个被"别人家的孩子"摧残的孩子,我感到痛心。我直接这样跟刘女士说,她愣了一会儿,然后就领悟了我的意思。后来她带着孩子离开的时候,跟孩子之间的互动因为她态度的改变,而起了轻微的变化。

时隔半个月,我接到刘女士的电话,她说:"王老师,感谢您的一语点破,我们跟孩子的关系缓和了很多。我跟孩子他爸都在检讨,这是我们的孩子,独一无二的孩子,他有他自己的脾性。不管他有什么言行举止,我们应该少指责,多理解,让他活出他自己的模样。"

这个结果虽然在我的意料中,但还是有点意外,又在瞬间释然。是的,孩子很简单,他们没有什么复杂的心思,只是想遵从自己的意愿。而一直是大人在从中干扰,告诉他们,要学习这个,模仿那个。只要父母能陪着他们成长,加以引导,形成他们自己的人生轨迹,便是最好的结局。

我跟刘女士说:"孩子有错还是要纠正的,只是要明白,别人有别人的优点,我们的孩子也有自己的发光点。"

刘女士连连应"是",沉思了一会儿,说:"我家小舒(她孩子)活泼开朗,是个小火球,我不该要求他温柔似水。"

我笑着答:"是的,年轻充满活力,朝气蓬勃也是好事。"

刘女士很兴奋,继续说:"前天我们家族聚会,他很会活跃气氛,让大家都过得很愉快,充满欢声笑语。"

由此我已知，刘女士已除掉她教育道路上的一大障碍，她跟孩子的关系也得到了很大改善。我相信他们的家庭关系会慢慢变好，给孩子营造出一个和谐欢乐的成长环境。

我很庆幸，小舒还是幸运的。他父母很聪慧，一点即破，又能正视自己的错误，及时纠正思路，给小舒机会创造属于自己的人生。

又有多少家庭的孩子，他们没有小舒的运气，从此被贴上"叛逆"的标签，走上"不孝"之路，背负着"白眼狼"的罪名，从此与家庭温暖无缘。父母渴望他们和别人一样优秀，为以后的人生打下好基础，却已在不知不觉中毁了他们的一生而不自知。没有天生会做父母的父母，也没有适用于所有人的教育方法，父母与教育，从来就是一边成长一边学习。

3

挖掘孩子的潜能

很常见的一种情况,就是孩子对某件事物表现出兴趣,父母却一脸严肃地制止——这不行,那不可以。婴幼儿喜欢玩沙,被限制,因为不卫生。可谁知道沙画这一伟大艺术正是来自于对沙的兴趣?儿童喜欢到处乱画,被制止,理由是画得家里乱七八糟。可谁知道画家也是从惊讶于画笔的神奇开始?青少年喜欢学做饭,被劝止,因为父母认为待在厨房没出息。可谁知道每一个厨神都是先爱上做饭后成为大神级人物的?……用过来人的眼光,去定位孩子适合什么,忽略了孩子本身的潜能,这是当前很多父母的通病。

我某天忽然接到一个咨询电话,是一位母亲来电,问她的女儿能否参加培训。女儿12岁了,打算小学毕业后考入当地一所艺术学校,需要参加入学考试。母亲担心她考不过,趁着暑假想给她做些培训,希望临时抱佛脚学习,可以成功通过考试。

我让她带孩子过来面谈,见见孩子。第二天她就把孩子带过来了,是个高高瘦瘦的女孩,戴着眼镜,很斯文,表情迷茫。这是我对小方的第一印象。

我问小方,选择考取艺术方面的学校,你觉得自己有哪些不足?

她很迷茫地摇头,说:"不知道,试试吧。"

我很惊讶,问她:"那你是因为有什么特长或者对某方面的艺术发展感兴趣吗?"

她还没回答,她母亲就抢着说:"学艺术好,人有气质,以后也说不定可以成为明星,赚的钱可比其他行业要多。何况这孩子长得也不错,比很多明星都要漂亮。"

所以,不是孩子自己选择,是她父母想要有一个明星女儿?

我问这位母亲:"小方喜欢这个学校吗?打算以后从艺术方面发展吗?"

她叹气,然后开始抱怨:"我是这样打算的,可是这些年,也没少让她学东西,什么都学不成,琴棋书画更是没有一样会。就她那样子,这次考试我也是不抱希望的,只能看看你们能不能帮忙,给她增加点胜算。"

所以孩子很无措?担心这次又打砸她父母的如意算盘,什么也学不会吧。

通过测试,我发现小方心算、速读超过一般人,而且她自己也表现得特别感兴趣。反观文艺方面,确实不是她的专长,也没有什么特别的才华。拿着测试结果,我把情况跟她母亲说,强调了孩子心算和速读方面尤为突出的优势。她摆摆手,说:"我家小方是要读艺术学校的,数学好不好都无所谓。"

小方也惊讶于自己对心算的掌控能力,对测试结果有点兴奋。我看着她眼里闪亮的光芒,问她:"小方,你喜欢数字吗?你对数字的敏感度超

过别人很多,甚至可以说尤为突出。"

小方支支吾吾,既不肯定,又不否定。我想,这应该跟她的生长环境有关系。长期受父母掌控,被指定道路,她根本不知道自己的心何去何从。

她母亲听了我的话有点不高兴,随便敷衍了几句话就离开了。

站在专业角度,我可以给小方设计一个艺术方面的培训课程,但是,也因为从事教育行业多年,我不忍心看着小方继续她迷惘的人生。父母应该挖掘孩子的潜能,而不是盲目跟风,埋没孩子的天分。

我们的左脑具有语言功能,擅长逻辑和推理。这方面的优劣基本上取决于后天,也就是出生后的培养。而右脑主要是将大脑收集到的信息统一处理,例如心算、速读等。这方面的优劣就取决于右脑的开发程度,这也是为什么现在有很多右脑开发课程的原因,因为右脑开发得越多,人就越聪明。而小方对心算和速读的掌控,有特别的天分。只要多加引导和培训,多开发右脑方面的潜能,可以提高记忆力,对其他方面的学习也有帮助。

几天后,我又接到这位母亲的电话,很意外,她提出想让小方报名培训,提高记忆力,以便能更好地学习知识,准备考个好中学,以后能上个好大学。

我松了一口气,为一个孩子可以拥有更美好的未来而高兴。

后来特别跟进小方的学习情况,她通过右脑开发,上课注意力集中,记忆力加强,能轻松背出老师要求背诵的内容,熟记圆周率前210位,成为老师和同学们眼中的"记忆大王"。期末考试更是获得了全年级第四名的好成绩,这让她母亲特别激动,小方本人也显得自信、开朗很多。

孩子的潜能是无限的,关键还得靠科学的方法去引导。小方的例子并不特别,日常生活中,我们经常遇见这样的事,只是并非每次都能有人给予提议，也并非每个父母都可以像小方的父母一样，能及时领悟。所以，更多时候，我们希望父母可以自己学习，科学育儿，做孩子生命的导师。

著名画家达·芬奇，很小的时候便对绘画有浓厚的兴趣，一开始并没有人注意到，只当是孩子喜欢涂涂画画。直到后来有一次达·芬奇上课不好好听讲，在课堂画画。后来这件事被他父亲知道了，这个伟大的父亲不像一般人一样责骂自己的孩子，而是正视孩子在画画这方面的潜能。从此开始着重培养达·芬奇的兴趣爱好，一代画家由此诞生。

假如是你的孩子，发生这样的事，你会怎么做？首先应该是给老师道歉，然后回家对孩子进行"严刑拷打"吧。并且会喝令孩子，以后没有允许不能画画。最后，就这样抹杀了孩子的天分。

其实每个孩子都是不平凡的，只是缺乏引导。如果有正确的、科学的方法去开发他们的潜能，每个孩子都是小天才。

印度电影《摔跤吧！爸爸》很受欢迎，也获得众多好评。电影中马哈维亚的女儿吉塔和巴比塔能成为摔跤冠军，其实主要源自于马哈维亚的一个重要发现。

吉塔和巴比塔跟村里两个男孩打架，把对方打得头破血流，被对方家长找上门。这时候的马哈维亚，象征性地问两个女儿是怎样"犯错"的。当吉塔和巴比塔手脚并用地跟马哈维亚陈述过程的时候，马哈维亚看到了两个女儿的摔跤天赋。

马哈维亚幡然醒悟，家里将有两个摔跤冠军，并且让两个女儿开始摔跤训练。哪怕家里穷得没钱买米，也要想办法让女儿们吃上鸡肉，有足够的能量训练摔跤。在社会歧视，亲友嘲笑的情况下，她们坚持下来了，挑战了一个又一个的冠军，终于走出国门，走向世界。而这一切，皆要感谢她们的父亲挖掘了她们隐藏的潜能。

社会在进步，教育也越来越科学，孩子的未来需要引导者。并非每个人都能像吉塔她们那样，拥有一个能让她们完全展示自己天分的父亲。只能希望父母们能给孩子最大的理解，给孩子机会去创造属于自己的天地。

教育的终极目标

教育的终极目标究竟是什么？相信每一位家长都曾被这样的问题困扰过。我们到底应该将孩子教育成为什么样的人？这决定着我们的教育方式。

卢梭有一个著名的论点："教育即生长。"意思即是，每个孩子生来没有特殊的目的，他只需要按照自己的步伐成长，足矣。没有任何人应该被规定为成年后一定要从事什么样的职业，拥有什么样的性格等。每个孩子都有自己的特性，他需要的是生长，而不是机械式的教育。

卢梭的观点，在某个角度来看是科学而准确的。的确，我们生而为人类，并非机器，不应该被定义为必须从事什么行业，成为什么样的人。但是这个观点也有一定的弊端，那就是似乎太过放任孩子自由生长，从某种程度上削弱了父母的作用。

教育的终极目标，我认为是培养出"完整人""幸福人"。"完整人"，指的是人格健全，有积极的自我认知（自尊、自信），主张自己的权利，承担自己的责任等等素质，都属于"完整人"的范畴。"幸福人"，指的是一个人的内心感觉充实、满足。幸福是一种自由、安全、健康的心态，其中包括个人成就、适用的物质财富、人性的尊严、快乐的灵魂等。

"完整人"的培养，是一个抽象、空泛的概念。我将这个概念大而化之，从学习方面入手讲解。

我们中国老祖宗的智慧，认为教育就是"传道授业解惑"。我认为，"解惑"只是解一时的困惑，而"解放"才能让孩子得到真正的快乐。家庭教育中，"解放"也很重要。从小培养孩子开阔的视野、开放的思维，能让孩子充分发现这个世界的美好，从中汲取养分，对他的将来有莫大的好处。例如，引导孩子在书海遨游，他会发现能人志士的智慧之光是多么耀眼；再比如，经常带孩子外出旅游、登山、看海、远足，让孩子亲近大自然，见识这个世界的秀丽山河，孩子会对世界有一种亲切感，心中充满了爱；再例如，带孩子学习一些专业知识、天文学、地理学、艺术等，让他们领会到知识无穷无尽的魅力与乐趣。这就是"解放"。

我们总是说，教孩子"学会"什么，其实，不如引导孩子朝着自己"会学"的方向迈进。通俗点说，就是"授人以鱼不如授人以渔"。一个人在学习中最重要的品质，就是"会学"。无论是读书时还是工作后，"会学"这一品质都至关重要。叶圣陶先生曾经说过"教的目的，就是为了不用教"。

打个比方，具体到孩子的课堂作业上，教孩子"会学"，可以从教给孩子正确的学习方式开始。例如，对于书本上的知识点，要分清主次，而不是全盘照单全收。再者，对待需要记忆的知识点，结合巧妙的方式进行记忆，能达到事半功倍的效果。当孩子掌握了这些技能后，他就能将这些方法运用到其他学业上，达到融会贯通、灵活使用的效果。诸如此类，都是授予孩子"渔"的方法。

当然，除了学习方面的教育方式外，很多时候我们需要更加关注孩子的心理成长方面。例如培养孩子自信、自尊、自立等品质，需要我们耐心细致引导，包括多鼓励、少打击，多引导、少忽略，多关爱、少责骂等。

而"幸福人"的概念，则一语道出了教育的本质。很多优秀的人，一生都不快乐。也许他们以极高的天赋、极端的努力，达到了极高的成就。但他们的幸福感非常弱，常常陷入悲观的情绪中。也许，当后人仰望他们的成就时，会觉得是不快乐这一点，使他们达到了常人无法企及的成就。然而，当事人自己的痛苦，只有自己知道。

身为家长，我们每一个人都不希望孩子庸碌地过一生，但我相信每一个父母也都不希望孩子不快乐。如何才能让孩子既快乐，又能达到一定的成就呢？答案就是给予他幸福感，并给予他足够的科学教育。

幸福感来自于爱，父母都爱孩子，但表现出来的方式却不尽相同。

我有一个学生，性格有些孤僻，但总体上还算比较积极好学。直到有一次，我在上课时发现他在纸上写了满满一页"活着有什么意思""不如死了倒好"，我才发觉他的心里非常压抑。

我针对他的家庭情况进行了深入的了解，发现他的父母非常爱他，包括他的爷爷奶奶，是那种极端宠爱的情形。他是家中独子，又是多代单传，再加上父亲四五十岁才有了他，老来得子十分宝贝。但正是这种宝贝的心态，使得他的一举一动都备受关注，没有个人自由空间和时间。只要在学校晚留五分钟没出来，父母就会连环夺命式地打班主任的电话。无论他做什么事，父母都会在一旁指指点点。而且因为"望子成龙"，父母对他的要求非常严格，是严格到近乎苛刻的那种。

每一门功课的成绩都必须位列班级前三名，如果成绩稍有不慎下降，全家人便如临大敌，轮番讨伐。每天，他都要抄写父亲指定的诗句1000句，抄到三更半夜也不能停下。为了保持健康的身体，每天他都要跑1000米……他形容自己就是一个机器人，不断地按照父母的指令来执行任务，完成了一个又一个，完全没有"自我"。

诚然，这个孩子的父母肯定是非常爱他的。他的父母向我倾诉时，语气中也满满的都是自豪与疼爱："我这个孩子，不是我夸耀，将来是要当总理的料。"

然而，孩子心中的创伤，他们却看不到，或者看到了却忽视了。孩子一点儿也不快乐、不幸福，他们却认为只要优秀，其他的都不重要。

这是爱吗？是的。爱的分类总是五花八门的，放手是爱，掌控也是爱。但并不是所有方式的爱，都是正面的。这个案例中的父母，用极端的爱来给予孩子枷锁，让孩子被禁于此，痛苦不堪。即便将来真的当了总理，内心的痛苦也会伴随着他。

有人说，那有什么要紧呢？只要成功，只要被人们记住就行。请看一看孩子的内心，再想一想，这种观点是不是太过于自私了？到头来只是满足了父母的夙愿，看到自己打磨出了一块精良的玉器，而玉器是否有生命力，却全然不在乎了。

所以，当你不断用自己所谓的"爱"绑架孩子时，请反思一下，是不是自己自私自利的虚荣心在作怪？迫使孩子完成自己分配的任务，达到获取他人艳羡的目光。是不是只有自己获得了成就感，是不是仅仅满足了自己的私心？如果是，请停止这种行为，让孩子掌握自己的人生，当孩子的指路人，而非"入侵者"。

总而言之，教育的终极目标，就是让孩子优秀且完整地、幸福地成长。"完整人""幸福人"方面，前文已经充分阐述。而优秀，则包括智力、品德等方面的素质，右脑开发也是很重要的一个方面。开发右脑即开发孩子的无限潜能，只有把孩子的潜力打开了，他的未来才能拥有更多的可能性。优秀也能反过来影响孩子的完整人格、幸福感。这些都是相辅相成，互为促进的，缺一不可。

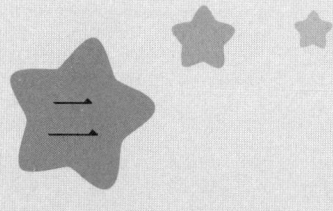

Part 2

父母与孩子的关系

1
孩子不是附属品

我们在说到"孩子"的时候,总习惯在前面加上"××的孩子",而其实,孩子是单独的个体,他们不属于谁。更有些迂腐的父母,认为自己给了孩子生命,养育其成人,便可操纵孩子的人生。

龙应台的《目送》脍炙人口,其中的一段"我慢慢地、慢慢地了解到,所谓父母子女一场,只不过意味着,你和他的缘分就是今生今世不断地目送他的背影渐行渐远。你站立在小路的一端,看着他逐渐消失在小路转弯的地方,而且,他用背影默默告诉你,不必追。"更是引发众多共鸣,无数人转发点赞,以此来代表自己也是这样认为。但是,真正能看透的,是别人的父母子女关系。自己对孩子的管束,变成了一句"我是为了你好"。

我在一次朋友聚会上认识了一对年轻夫妇。他们是农村出生,通过努力后在城市安家,事业有成,经济方面算得上是小康之家,育有一个7岁

二、父母与孩子的关系

的儿子,合家其乐融融。因为听闻我是教育方面的专家,特别高兴,说刚好有些教育上的问题想请教。

言谈中我得知,他们的儿子正在读小学二年级,钢琴已经过了六级,古筝过了五级。除了学钢琴、古筝,周末还在学跆拳道。

"很难得,孩子能这么好学,应该少不了你们的支持和鼓励吧?"虽然知道孩子应该是付出很多才有这样的成绩,但这成绩与父母脱不了关系。

年轻爸爸叹叹气,说:"一直都软硬兼施让孩子去学习的,可是最近孩子说学习太累,不想练琴,周末的跆拳道表现得也是缺乏兴致,我们只能干着急。所以想请问老师您,遇见这种情况应该怎么办?"

这情况不少见,孩子的毅力薄弱,刚开始学东西会因为好奇而产生兴趣,但是一旦重复学习,便觉得枯燥乏味,这时候父母适当的引导和支持很重要。

孩子妈妈这时候开口埋怨道:"当时说好了你让他学钢琴,我让他学古筝的,你非要他再学跆拳道,看把他累的,我看了都心疼。"

听到这话,我总算明白是怎么回事了。问他们:"所以,是你们让孩子去学这些东西,并非孩子自己喜欢?"

孩子妈妈说:"我们以前家里穷,没能学自己喜欢的乐器。难得现在家里条件好,就想让孩子去学,别像我们一样没半点音乐细胞,说出去都让人笑话。我老公喜欢钢琴,我喜欢古筝。我们俩争执很久到底是让孩子学钢琴还是学古筝,没争出个结果,干脆让他两种都学。反正多学点东西总是好事。"

这是标准的继承父母的梦想。对父母而言,梦想换一种方式实现了,对孩子而言,一辈子都在为父母而活。可是,每个人都有自己的梦想,孩子去实现父母的梦想，势必就要失去自己的梦想。一代代循环，都活在别人的人生里。

虽然知道我接下来要说的话他们可能不喜欢听，但我还是跟他们说："孩子从出生的那一刻起，就是一个独立的个体。你们只是把他带到这个世界，他自己学爬，学走路，学跑步，没有人可以代替。同样的，他有自己的意愿，自己的梦想，自己的人生路，你们不能把你们的思想强加给他。孩子一出生，就是一个跟你们平等的个人，而不是你们的新生，去继承你们未实现的梦想。这对孩子不公平。"

这番话，不知道他们可以听进去多少。我真心希望孩子别为了弥补父母的遗憾，而失去自己的理想。

很多孩子从小就在父母的期望中成长。父母希望孩子每天多看书，希望孩子考试名列前茅，希望孩子读名校，甚至高考的时候，父母还会替孩子做主要报读哪个专业，出来工作了，会给孩子安排他们认为最好的工作，等等。这都是他们的意愿，他们所认为的最适合孩子的，甚至可以说是他们强加给孩子的意识。表面上看是关心，实际上就是剥夺孩子的自我。

之前有网友在网上咨询我，说他妻子一直跟孩子强调："你是我生的，你的一切都是我的，你必须按我说的去做。"他说孩子很痛苦，而他明知道这种观念是不正确的，但无法改变妻子。孩子在母亲的这种观念中成长，渐渐变得沉默寡言。问该怎样让妻子明白每个孩子都是独立的个人，孩子有自己的"三观"？

这种母亲是很有控制欲的，往往在这种家庭环境中成长起来的孩子都有两种极端的性格，一种是懦弱内向，不善于表达自己；另一种则是自私叛逆，极度自我。很明显，现在这个孩子属于第一种。但是母亲本身并没有这方面的觉悟，她也不明白自己的做法对孩子而言是终身性的伤害。

教育，并非只针对孩子，有时候父母比孩子更需要。父母需要不停地学习，在学习的过程中审视自己，和孩子一起成长。

还好，该网友已经知道妻子这种想法不对，但是观念改变并非一朝一夕的事情，需要孩子坚定自己的想法，并且不断地向母亲阐述这种不正确观点，假如母亲的观念实在无法改变，那只能改变自己的心境。毕竟长期生活在这种高压之下，精神压力过大，无论对自己还是对母亲来说都没有好处，唯有解放自己的心灵，才能在这种压力之下活出自我。让孩子多接触外面的世界，参加一些活动或培训，减轻母亲造成的影响。

听到这样的事情，我真的很无奈，也为孩子感到心疼。还有多少孩子，正在受这种煎熬？而从长远发展来看，这种环境下成长的孩子，以后组成家庭，哺育下一代，也无法给孩子一个健全的生长环境。还好，该网友能够明白妻子的观念是错误的，及时求救，想方法制止。

经常听到很多声音在高呼，要尊重孩子。我认为，首先得先承认孩子与大人是平等的，这不是孩子，是个人，我们尊重这个人。

有人提过疑问，家庭背景和教育到底有没有关系？我的答案是，有。并非说家境优渥的孩子就会被教育得比较好，但是家庭书香氛围强，教育出来的孩子肯定也更加优秀。父母本身学历高，素质偏高，会更懂得如何去引导孩子成长。

我的邻居夫妻两人都是国企高管，算是高级知识分子。独生女儿今年

8岁，在读小学。经常听到他们家传来欢声笑语，晚上或周末多数情况下还能听到孩子练琴。

有一次在电梯遇见，我称赞孩子好学，小提琴拉得不错。孩子的爸爸很大方地点头，笑着说："是的，这孩子就是喜欢学习。"

我觉得孩子定性不足，需要父母督促，孩子的成绩也就是他们的努力结果。谁知道爸爸说："孩子不许我们插手，说学习是她自己的事。我们每天下班也挺忙的，其实也没空去插手。"

据爸爸说，晚餐过后一家人聊会儿天，然后爸爸练字、画画，妈妈看书、写稿。孩子也有自己的兴趣爱好，自己安排时间。一家三口，各忙各的。

我请教他们是怎么教育孩子的。答案是，没有什么方法，只是从小就把孩子当大人一样，咨询她的意见，尊重她的选择，让她明白，她就是她自己，她可以为自己的未来做决定，也将由她自己去承担结果。基本上只要方向是正确的，父母就不会去干涉。

我很赞赏他们的教育思想，对孩子放手，只有极少数父母可以做到。女孩的妈妈说："其实父母对孩子放手是早晚的事情，孩子不可能跟着我们一辈子。随着年龄的增长，他们会有自己的思想、自己的'三观'，会走与我们不一样的路。我们只能引导她，让她不要走弯路，快乐成长。"

很幸运的女孩，可以遇见如此开明的父母。

有时候，放手也是爱，深远绵长的爱。

2

该当孩子是朋友吗？

该当孩子是朋友吗？这个问题乍一看，似乎并不值得长篇赘述。事实上，这个问题非常值得探究。

大概在21世纪初，走过了漫长黑暗期的国人在教育孩子方面顿时幡然醒悟，意识到再也不能将战争年代遗留下来的心理创伤带给孩子，影响孩子。人们开始思考，到底什么样的教育才是科学正确的？过去的"打击教育、棍棒教育"等，都在这个时候开始逐渐为人们所摒弃。

也大约就是在这个时候，开始有人提倡，将孩子当成朋友来对待。当然，这样的方式也是有一定好处的。将孩子当成朋友，会让孩子感觉到自己被尊重，对于培养孩子的自信心有帮助；此外，也能增进与孩子的沟通和感情，更加了解孩子的想法；而且，把孩子当成朋友，还能够使孩子更加独立地成长。

然而，凡事过犹不及。很多人就是因为太把孩子当成朋友，导致身份角色紊乱，父母在孩子那儿得不到应有的尊重。

我曾经见过一个十三四岁的孩子，张口闭口对父母说的就是"你懂什么呀""你什么都不懂"。而且，这个孩子在对待老师、长辈时也是态度不屑、非常无礼。父母对此表示无奈："我们也管不了他，说好了我们跟他是朋友的。"

然而，做孩子的朋友，便是这样做吗？毫无底线，放任置之，不管不顾，连最基本的礼貌都不教了吗？孩子本身没有明辨是非黑白好坏曲直的能力，他需要的不是朋友，需要的是家长，需要父母的指引。如果一味地强调当孩子的朋友，就将教育的责任抛诸脑后，我认为是一种非常不负责任，也是一种偷懒的行为。

做孩子的朋友无可厚非，但不能只做孩子的朋友，同时也要做孩子的良师、父母、引路人。平时与孩子充分沟通、谈心说笑，当孩子越过了底线，做出了不妥的行为时，要立即反思："孩子这样说话、这样做事是不是欠妥？"比如，孩子当着你的面嘲讽班上的一个残疾同学，如果此时你还将自己当成孩子的朋友，可能就会和孩子一起嘲笑同学。但此时你应该做的是，将自己另外的身份摆正，做孩子的父母、老师、引路人，指出孩子嘲讽残疾同学是不对的，再给他讲清楚道理和改正要点。如此，才是真正合格的父母。

假设孩子厌学，想要逃课，如果做孩子的朋友，是不是会陪孩子一起逃课呢？当然这也是不妥当的，应该要引导孩子，帮助孩子消除厌学情绪，例如用有趣的方式提高孩子的学习兴趣，多鼓励，多表扬，还可以与老师进行沟通了解更多的原因，并针对这些原因来帮助孩子度过厌学期。还需要反思是不是自己给孩子的压力太大了，用恰当的方式缓解孩子的压力和紧张情绪等。

即便打定主意一心一意做孩子的朋友，也不等于就要无条件顺从孩子的要求。孩子就像一张白纸，从出生起，我们给予他纸和笔，让他自己描绘绚烂的色彩。如果途中他改画画，改写书法，甚至把纸叠成纸飞机飞出去，我们都可以尊重他，帮助他达成心愿。但如果孩子想要销毁这张纸，对自己的人生采用放弃的态度，我们就要警惕是不是自己的教育方式出了问题，这其中，就有自己是不是太过把孩子当成朋友的弊端。

3

怎样让孩子坦诚相待

要探讨如何让孩子坦诚相待这件事，我们先来看看孩子说谎的问题。很多家长会发现："孩子小小年纪就会撒谎，将来可怎么办？"事实上，孩子真的在"撒谎"吗？

于女士找到我时显得忧心忡忡，她带着4岁的儿子，向我诉说孩子常常撒谎的苦恼。4岁的孩子，大概是我接到过年纪最小的"客户"了。

"王老师，我儿子怎么这么爱撒谎呢？我问他，在幼儿园跟谁玩，他说跟超级飞侠玩。我还以为幼儿园组织了什么活动呢，一问老师，他就坐在假山下发呆发了一个下午呢。有时还跟我说，他在哪里哪里开飞机，打怪物。老师，你说这孩子是不是有什么妄想症啊？或者就是跟我撒谎？"于女士滔滔不绝地诉苦，"这么小的孩子，就满嘴胡说八道，长大了可怎么办？"

我让于女士的儿子果果坐在椅子上，拿出一个超级飞侠玩具多多给他

看，果果高兴地"夺"过来，就把玩了起来。

"总部，接通，我是乐迪，我需要超级飞侠来救援。"我说着动画片里的台词。

果果立马兴奋了起来，"多多，出动！"然后做出了飞行的手势，指着天花板说，"看，超级飞侠来了！妈妈快看！"

于女士一脸的尴尬："你看你，又开始胡说八道了，哪儿有什么超级飞侠啊？"转而对我说："王老师，让你见笑了。"

我淡然一笑，对于女士说："别担心，这不是什么要紧的问题。"

心理学研究发现，5岁以下的孩子常常说"大话"，是因为他们不能把事实和幻想区分开来。说大话不同于说谎，他们可能只是因为有着丰富的想象力，才会说些不着边际的话。例如，孩子会跟你说，天上有超级飞侠，他不是有意欺骗你。他只是智力还处于不断发展的阶段，分不清什么是真实，什么是虚幻。

年纪稍长一些的孩子"说谎"，大人们也不必过分惊慌。接下来我将会就孩子说谎的原因进行讲解，并针对这些原因提出可行性解决方法，供家长们参考。

（1）逃避惩罚

逃避惩罚是孩子说谎的最重要原因。多数孩子撒谎，是因为怕被父母责怪、打骂，比如考试成绩不理想，淘气惹祸，或者不小心做了错事等。其实家长分辨孩子是否撒谎是非常容易的，能从孩子的语调、表情、肢体中看出端倪。再加上家长一般都非常了解孩子，就更容易发现了。这种时候，如果察觉到孩子因为害怕受罚，要首先检讨一下自己。是不是平时处罚孩子太多了？导致孩子胆小怕事，害怕承担责任？

所以如果发现孩子有这种情况，一定要跟孩子讲明个中利害关系。比如孩子闯祸了，不要着急审讯孩子，可以跟孩子耐心地解释，这样做的后果是什么样的，以后需要怎么做，才能避免再次造成坏的结果。我们教训、处罚孩子的目的，是为了让他们明白并记住以后不能再犯同样的错误，如果因为我们的做法导致孩子不但记不住教训，而且首先就撒谎逃避责任，那我们的目的达不到，还助长了孩子的坏习惯。

那么，到底要怎样纠正孩子的撒谎行为呢？我们可以通过在询问孩子的时候，首先告知他，做错了事并不可怕，我们需要想方设法把结果的坏影响降到最低，这才是我们的目标。惩罚孩子并不是目标，要让孩子明确清楚这一点。然后告诉孩子，诚实守信是为人处世非常重要的准则，撒谎的行为不可取。最后，在孩子坦诚相待之后，还需要遵守自己不会因为孩子说了实话而惩罚孩子的诺言。

那么，是不是就一定不能惩罚孩子呢？那也不是的，如果孩子真的犯了原则性的错误，造成了很大的后果，该教训的还是不能放过。

我曾经见过一名家长，孩子在超市玩耍时有"顺手牵羊"的坏毛病，虽然最后都会被家长发现阻止或者结账，但倘若家长没有发现，或者孩子长大了不受家长时刻监管了，这种"坏毛病"就会发展成为偷窃、盗取的犯罪行为。而该家长对孩子的这种行为并不打算处罚，特别是孩子承认错误后，他们反而觉得孩子有承担责任的觉悟，就不了了之了。事实上这种做法是错误的，会导致孩子以为只要自己承认了错误，就没有什么坏事是不能做的。

所以，如果孩子真的犯了严重错误，即便孩子坦诚了自己的错误，也要进行相应的教训和处罚。只不过要让孩子明白，这是因为他的错误行为而进行的处罚，而不是针对他说了实话。

（2）模仿大人

孩子说谎，有时可能是模仿周围的大人、父母，或者电视上的情节，他们抑制不住自己的好奇心，跟着学。这就要求父母在孩子面前一定要谨言慎行。

（3）获得成就

有些孩子在描述自己的行为时，可能会因为想要获得成就而"添油加醋"，造成了撒谎行为。

陈女士的女儿，从学校回来后经常会跟妈妈炫耀，在班上老师又如何如何表扬了她，但其实老师可能只是在点名的时候提了一句而已。

这种行为，我们甚至都不认为是撒谎行为。它只是孩子满足自己内心的一种成就感、愉悦感而产生的。这种行为的起因，可能是孩子在日常生活学习中获得的称赞夸奖太少。

陈女士便是这样对待女儿的，她总认为女儿不够优秀，还需要继续努力，无论女儿怎样说自己的成绩，她都是淡淡地回应，丝毫不给予肯定和鼓励。久而久之，女儿有些心灰意冷。再后来，有一次她将老师夸奖的话添油加醋转述给母亲，却意外地获得了母亲的表扬。于是，就有了后来女儿的"撒谎"行为。

陈女士在我的引导下回忆了女儿喜欢说谎的起因与过程，自己也感到十分羞愧。同时也很困惑："我真的不认为女儿取得的那些成就没有什么了不起的啊，难道要我违心地夸奖她？"

是的，孩子的小小成就，对于大人来说能有什么了不起呢？无非就是考试比上一次多了几分，名次进步了几名，对于大人来说，那些题目根本就可以100分拿下，又有什么值得夸耀的呢？但是，那是孩子的世界，不是大人的世界啊！我们要用孩子的视野来看待孩子的世界，他们的每一次进步，每一点成绩，都是他们自己努力的结果，就如同大人在工作中完成了一个又一个任务一样，难道不值得鼓励和肯定吗？

特别是当孩子为了获得大人的肯定而开始"撒谎"的时候，我们是不是应该反省自己，是不是对孩子太"吝啬"于夸奖了？其实夸奖没那么难，只要将"这有什么，不就进步了两名吗，前面还有几十个同学比你厉害呢，继续努力吧"之类的说法改成："你很棒，爸爸妈妈知道你每一次的进步都是通过自己的努力得来的，你的态度和做法爸妈看在眼里，为你自豪。而且呢，爸妈从这次你的进步就能看到，你的潜力很大，加油加油，下一次会有更大的进步呢！"如此这般，既肯定了孩子也鼓励了孩子，会有比粗暴制止的方式取得更好的效果。

回到话题中来，面对因为想要获得成就而撒谎的孩子，我们该怎么办？首先，在纠正的同时，要肯定他们的能力，不可以粗暴制止，保护他们的自尊心，也鼓励他们继续努力。

关于孩子说谎的话题，我们暂且讨论至此。然而，想让孩子做到对父母坦诚相待，却远远不止阻止他们撒谎这么简单。对父母坦诚相待，涉及的方面非常多，接下来我会着重分析几点。

坦诚开放，意味着孩子在家长面前坦白、自如，无须掩饰，家长也能够坦率地告诉孩子自己的意图和感受。在这样的氛围中，无论是大人还是孩子都能够自如地展示自己的本色，卸去不必要的心理包袱，有利于大家的心理健康。随着感情和思想的自然流淌，父母与孩子的关系也更亲密、更融洽。

但并非所有的家庭都是这样的氛围。尤其是父母关系本身就不好的情况下，可能会造成孩子封闭自我、性格内向等问题。因此，要让孩子感受到宽松的氛围，父母关系、婆媳关系等都要处于一个良好的状态。当孩子在表达自己的观点时，不要着急打断、否定、批判，而要首先耐心听完，即便孩子的观点十分荒谬，也不能从一开始就粗暴推翻，可以慢慢引导，倾听孩子真实的想法。

我们反思一下自己的日常生活，当大人们聊得兴高采烈时，孩子插嘴，大人的反应是怎样的。多半都是"大人说话小孩子瞎掺和什么""滚一边去""这儿没你说话的份"……造成了孩子不敢参与讨论，逐渐失去表达的兴趣。

当孩子漫无边际地讲述一件事时，我们的反应又是怎样的？"你在说什么呀，乱七八糟的""把舌头捋直了说话"……类似这种不耐烦、冷漠的话语，直接击碎了孩子表达的欲望，造成孩子沉默寡言的性格也就不难理解了。

如果你对孩子所表达的东西不感兴趣，我也表示理解。确实，大人和小孩的世界是不同的。但孩子需要你感兴趣，这一点我也希望你能理解。每一个孩子来到这个世界上，他最初都是孤寂的，是需要陪伴的，如果大人不能从各方面满足他的需求，他会感觉到这个世界是冰冷的、不值得留恋的。总有人说，"养儿防老"，我们中国人的思维，似乎就是将繁衍生命当作自己晚年的保障而已。但孩子，他们是没有选择权决定自己是否来到这个世界上的。把孩子生下来并带大的人，是父母，父母必须要给予他们相应的回应。这是我们的责任，也是我们为人父母的担当。

再者，孩子的表达，并非都十分无趣。如果你仔细聆听孩子的需求和表达，你会逐渐发觉，他们的世界很梦幻，很有意思。跟随着他们的脚步，逐渐了解他们的内心，也是学会做优秀父母的重要过程。

因此，让孩子坦诚相待的第一步，就是倾听。这之后才是互动。交流是双向的，如果没有回馈，孩子很快就会失去与你交心的欲望。同时需要特别注意的是，不要将孩子向你倾诉时所谈的事情用作将来的"话柄"，以此教训孩子，也不要将这些当作之后向孩子灌输大道理的铺垫。否则，孩子很快会察觉你的动机，再也不会向你倾诉。

真正乐意与孩子交心的家长，不是那种带着目的的。而是随时随地与孩子交谈，无论孩子谈论什么，都饶有兴致地倾听、反馈，就像一起吃饭、喝茶那样自然、轻松、愉快，不刻意，也不刻板。

我的医生朋友李先生，他就是这样与孩子交谈的。

有一天，李先生正在看电视，里面出现了一个花海镜头，儿子很兴奋，说道自己上个月跟同学们参加了学校组织的春游活动，去的就是一个有着大片花海的地方，玩得很开心。李先生马上将视线从电视机上转移到儿子身上，很感兴趣地问："噢？是吗？那是个什么样的地方呀？"儿子一看爸爸的反应，显得更加来劲了，滔滔不绝地描述那个地方的风景，甚至连用了好几个成语。李先生听得津津有味，鼓励道："儿子，你的表达能力太棒啦，如果写下来，会是一篇好作文呢。"儿子听了，马上去拿了纸笔，将自己刚刚描述的景象写了下来，在爸爸的指导下完成了一篇高质量作文。

李先生看了后大加赞赏："写得太好了，写得爸爸都想去了呢。这篇作文要是发表了，会给这个景点带来多少游客呀。"儿子非常得意："爸爸，你想去吗？我当你的导游啊，我带你去。"

后来，李先生真的被儿子"带"去这个景点游玩了。当然是李先生带儿子去的，但儿子一路上担当起了小导游的角色，带着爸爸妈妈到处玩，非常兴奋。再后来，李先生将这篇作文发给了他们班的老师，老师看后认

为写得非常好,推荐给了当地的报社,刊登在了《童趣天地》板块,不但拿到了稿费,而且还受到了当地媒体的采访。再后来,这个地方成了父子俩增进感情的地方,每年都要去两三次。

试想一下,如果当时李先生对儿子的话题不感兴趣,继续专心看电视,也就不会有后来的故事。据我所知,正是因为这篇作文,让李先生的儿子对写作产生了浓厚的兴趣,现在的他15岁,已经在好些地方媒体发表过文章。

当然,李先生的案例是比较特殊的,我们日常生活中的交流,并不是每一次都能擦出这么强烈的火花,带来这么好的效应。但我们与孩子交流的目的,也并不是指望他们能够就此一飞冲天,只是希望能够增进亲子互动和感情,打开孩子的心扉而已。

陈兰是我的一个朋友,她是二婚再嫁,男方有一个12岁的女儿青青。陈兰很希望与继女建立良好的关系,但青青对她虽然没有明显的敌对情绪,却总是淡淡的。在学校青青遇到什么困难,也从不对她诉说。从老师那儿得知青青的情况,陈兰很想与青青交谈,却苦于不知如何开口,转而向我询问方法。

我向陈兰建议,可以通过纸笔交流的方式来互动。写信、留纸条、发短信或者发邮件都是不错的选择。尤其是陈兰的这种特殊情况,家长和孩子都比较难开口。用隔空互动的方法,既避免了公开交谈的尴尬,又防止谈话中双方情绪变化引起的争吵。而且,纸笔交谈还可以更深入,更透彻,因为在写的时候会经过深思熟虑、反复斟酌修改,会比口头上交流更加理智有力。

于是,陈兰买了一个笔记本,在里面写了一段话:"嗨,亲爱的女儿,请容许我这样称呼你。在我心里,你就像我亲生的孩子一样,看到你笑我很高兴,看到你难过我很担心。也许你觉得有些肉麻,但自从成为你的母亲后，我的确是这样时刻关心着你。尽管我不能代替你母亲的地位，但请不要拒绝我走近你、了解你的心好吗？你不开心的时候，想找人说说话的时候，我都会陪着你。如果你想知道我的事，我也会告诉你。"她还在信的末尾生疏地画了一颗爱心和笑脸。

青青看了信后，很快就回了信，信里面对陈兰推心置腹地倾诉了许多心事，并感谢陈兰对她的疼爱。其实陈兰一直以来所做的一切，她都看在眼里，心里非常感动。

从这件事后，两个人的关系亲密了很多。半年后，青青第一次叫了她"妈妈"，陈兰向我诉说时这样说："感觉人生圆满了！"

很幸运，青青遇到了一个将她视如己出的继母，而陈兰也很幸运，遇到了一个愿意向她敞开心扉的继女。她们二人都是善良的人，只是最开始封闭了内心。

相信看了这么多案例和描述后，大家应该非常清楚，让孩子坦诚相待，要非常注意方法和技巧。但是，这些方法和技巧是建立在父母与孩子平时的亲密关系的基础上。如果亲子关系本身很淡漠，再多的技巧都没有用武之地。

所以，在日常生活中，家长与孩子保持良好的亲子关系是一切沟通互动的基础。我们中国人在对亲人表达感情方面比较拘谨和克制，这是由我们的文化决定和父母那一辈的做法影响而成的。有些人这辈子都没有接收过来自父母表达的爱意，自然对孩子的时候也可能会比较难开口。但是，亲子的感情，就是在日常生活中父母与孩子的耳鬓厮磨、朝夕相处中产生的。语言、微笑、拥抱、亲吻、安抚、嬉闹等，都能让孩子感受到愉悦、快乐，也有助于孩子对家长坦诚公开地表达自己的想法和观点。

4

孩子没有叛逆期

很多孩子在成长过程中,会被冠以"叛逆"的罪名。在词语理解中,"叛逆"绝对是贬义词。那么,叛逆的孩子,就是坏孩子吗?坏孩子是天生的吗?这些问题,我在很多父母那里得到过肯定的答案,但是,我只为孩子感到可悲。

父母会在说起孩子的时候抱怨道,这孩子到了叛逆期,不好管教,太不听话了。这世间本无"叛逆期"一说,也没有天生的"坏孩子"。只是孩子在成长,慢慢形成自己的"三观",有自己的思想,不再像以前一样瞻仰父母,以父母的观念为世界观。这时候的父母开始焦虑,对孩子更严加管制。而过度束缚让孩子急欲挣脱,渐渐地,一个"叛逆期"的孩子就出现了。

有些家庭环境不好,父母双方都在外面打工,把孩子交给老人带,孩子成了"留守儿童"。这种孩子在思想上跟父母根本没有交流,像两条垂直线,没有任何交叉。孩子看见父母,只感到陌生。父母却仍然以一副

"我吃的盐比你吃的米多"的态度来管教孩子。在他们眼里，孩子仍然需要抬头仰望他们，视他们为天，奉他们的话为真理。而对孩子而言，父母只是在电话里重复着"要听话"的复读机，没有任何温度。两者间的差距越来越大，却没人去考虑问题的根源。

随着"留守儿童"越来越多，咨询"留守儿童"教育问题的父母也越来越多。

年初的时候，有一对在本市打拼的父母，在老家过完年出来工作，第一件事就是找我，咨询关于叛逆期孩子该怎么样过渡的问题。

他们是山东人，都姓黄。孩子还不会走路时他们就出来打工了，把孩子留在老家给爷爷奶奶带，一转眼已经十来年，孩子马上小学毕业了。可是越长大，越难管，爷爷奶奶已经管不住了，想让他们把孩子接到身边自己教育。

我觉得这是好事，孩子终归要在父母身边，对孩子成长只有好处，没有坏处。

黄先生说："这次回去，发现孩子染了黄头发，还吸烟，打耳洞。我们在家待了11天，他有6个晚上是在外面过夜，说是同学聚会。"

我很震惊，因为我以为管不住可能只是爷爷奶奶溺爱，脾气大，耍小性子。但是，想想又觉得可以理解。孩子想独立，但是没人可以引导，只能去做一些自己认为是新时代人才会做的事，以此证明自己长大了。

黄女士说："我们回家有跟他聊天，告诉他正常人家的孩子是不会弄这些不三不四的东西的。可是他根本不听劝，说我们跟他爷爷奶奶一样，是'老古董'。"

我理解孩子的想法了，被父母说"不正常"，没有多少孩子会接受。

于是跟他们讲，孩子小时候听话，是因为他们没有自我意识，没有自己的价值观。从一开始需要我们手把手教，到后来跟我们说有其他方法可以做到更好。这个过程父母必须学会接受，而不能一味地否决。惯性否决，久而久之，跟孩子之间就会形成代沟，成为孩子眼里的"老古董"。

黄先生夫妻俩听了我的话，对望了一眼，然后叹息。我想，他们的教育观有问题，孩子的问题有很大部分是大人的问题，这次也不例外。

看他们的穿着，应该也是普通阶层，工作养家糊口已经不容易，现在孩子的教育问题又使他们焦头烂额。黄女士满脸愁容，我尽量安抚他们。

虽然现在孩子的行为有些偏差，但在我们专业角度看，孩子应该是想找存在感，也想证明自己长大了，想跟爷爷奶奶的"落后"划清界限。你们接过来自己教育是好事，慢慢跟孩子培养亲子关系，等孩子习惯了这边的生活，可以让孩子参加一些活动，培养兴趣爱好，相信问题一定可以改善的。

黄先生很认同我的说法，连连点头。

我跟他们强调，孩子接受新事物比我们快，我们不一定能跟得上孩子的脚步。现在的社会是父母和孩子一起成长。父母不进步的话，早晚会与孩子拉开距离的。不仅是孩子要学习，要成长，其实大人也需要学习。

他们夫妻很感激，稍后便匆匆离去，说要回家联系老人家，尽快安排接孩子过来。

父母如果能够及时领悟到孩子有主观意识是成长的开始，从而引导孩子，让孩子去尝试他们接触到的新东西，跟孩子一起摸索，开启陪同模式，那么，孩子只会在成长的过程中跟父母越来越亲近，甚至还会和父母发展成朋友，一起讨论、商量、面对一切新的事物。

有一次我在网上发起了关于"叛逆"的话题,网友贺先生给我留言,说他的逆子离家出走,躲到亲戚家去,已经半年没有回家,他在考虑是不是干脆和孩子断绝关系。后来通过私聊,他向我陈述了事情的经过。

他们是个体经营户,开了一间小百货店,夫妻都很忙,但还是把孩子带在身边,方便管教。

因为百货店事多又杂,夫妻俩经常吵架,一双儿女犯了什么错,基本上都是靠棍子解决,没时间和心情问原因。女儿性格孤僻,儿子则非常调皮。从小就喜欢翻箱倒柜,上蹿下跳。偶尔闯祸打烂东西,或跟其他小朋友打架,贺先生都是用棍子打一顿,然后到门口罚站。不管是非对错,目的就是要他下次不可再犯,影响到他做生意。

儿子小学六年级开始经常逃学,泡网吧。初中开始整天打架,有一次甚至因为捉弄老师被学校记过。贺太太无心生意上的事,整天就是跑学校和网吧。渐渐的,孩子发展到偷偷变卖店里的货物,吸食联邦咳嗽水。贺先生此时已经绝望,不再鞭打孩子,直接不闻不问。贺太太每次都对着孩子哭哭啼啼,甚至以死相逼,希望孩子改邪归正。到了初三下学期,孩子因为在学校打群架,其他家长到教育局投诉,被学校劝退了。退学后在家里待了几天,贺太太不让他出门,不许他和外面的人联系,守了几天还是一不留神让他溜出去了,去了他姑姑家不愿意回来。至此已经过了半年。贺先生说,就当没有这个逆子。丢尽了父母的脸,不要也罢。

听完整个过程,我很想跟贺先生说,放过孩子,让他走吧。但是我的职业不允许我这样做,于是我给贺先生发了一段回复:

"贺先生,很感谢你这么信任我,向我说了这么多'家丑'。但是很显然,这个'家丑'是你造成的。

孩子成长过程中,会面对很多新事物,他们第一次尝试,难免磕磕碰

碰。你没有给孩子机会，当他伸出他的手抚摸新奇的东西，打坏东西给你造成经济损失时，你认为他调皮，一顿暴打，断了孩子对新事物的向往。小孩之间推拿不当，容易被扣上"打架"的帽子。父母要调解，要疏导，而你用你拳头，让孩子认错。殊不知，正是你告诉了孩子，拳头可以解决一切。孩子慢慢地也跟你一样，用拳头去解决问题，从而造成更大的问题。可以说，是你的拳头把孩子推向了深渊。如果你还没有意识到自己的错误，那我觉得孩子逃离这样的家庭，或许是好事。"

贺先生没有再回复我，我想或许他不觉得自己有错。

是的，很多父母都不愿意承认自己有错，而把一切怪罪给孩子。孩子一旦不听父母话，或挑战了父母的权威，就会被定义为"叛逆"。甚至有很多父母认为，每个孩子都有叛逆期，他们的孩子不听话，只是因为到了这样一个阶段了，是成长的必经之路，天生的叛逆。

我想说，没有叛逆的孩子，只有不懂教育的父母。希望每个孩子都被温柔对待，并学会温柔对待世界。

5 聪明的父母懂得跟孩子道歉

常言道,"天下无不是的父母",字面上的意思,就是说世界上的父母没有不对的。在很多家庭中,也确实存在这种观念。父母仗着"我生你养你教育你"的心态,掌控孩子的一切,要孩子只有听从,没有抗议,而且不许孩子提出异议,挑战权威。

在一些偏远的地区,孩子一出生就要被绑手绑脚,有的说孩子绑了手脚不容易受惊,有的说孩子绑了手脚能让孩子的手脚长得又长又直。

这种不科学的做法现在仍然在很多地方延续着。经常在网上看到很多年轻的妈妈烦恼这个问题,她们也觉得不科学,可是年迈的家婆会说,以前我们都是这样过来的,都长得好好的,老好的经验了,你们得听。殊不知,这样会影响孩子的发育,严重的话会让关节出问题。

新闻上也报道过,孩子因为被绑了手脚,血液不循环,最后导致孩子要截肢。哪怕到这个时候,长辈意识到错误,满怀歉意,还是说"我是为孩子好"。但是,你欠孩子一句道歉啊,你得承认错误啊。难道为了孩子

好，就足以弥补一切错误吗？

科学的进步让很多旧理论被推翻，但是年老的父辈还在坚守旧观念，对孩子提出的疑问用一句"我过的桥比你走的路多"来搪塞，让你不能言语。那么，父母真的就没有错吗？父母的言行举止都是榜样吗？我觉得，并不是。

在日常生活中，孩子做错事，父母会教孩子说"对不起"。可是，有多少父母，对孩子做错事之后，会跟孩子说一句"对不起"？

父母因为工作上不顺利，回家对孩子发脾气，事后是否会向孩子道歉？很明显就是父母的错，无法管理自己的情绪。但是可能父母会以"我辛苦赚钱养家，发泄一下怎么了"的想法，来为自己的行为做辩解，然后就像事情没有发生过一样。

孩子花一天时间做的手工，父母不小心碰坏了，此时，父母会跟孩子说一声"对不起"吗？还是心里想，反正你有时间，明天重新做就好？

有时候错怪了孩子，打骂完孩子之后，发现孩子没有错，此时，父母会跟孩子承认自己的错吗？还是只字不提，让孩子白白遭罪。

我也见过父母跟孩子道歉的，可是，道歉的态度很敷衍，态度强硬，说："那我跟你道歉行了吧！"其实，孩子需要的道歉，是父母真正意识到错误的一种态度，而不是打发孩子的道歉。道歉的时候，要跟孩子平视，面对面，心平气和，跟孩子说出你错在哪里。这也是在教育孩子，做错事要承认错误，而且要知道自己错在哪里，下次改过。

放假的时候，我到一位同事老李家吃饭。老李的爸爸妈妈跟他住在一起，帮忙带小孩，一家人和乐融融。

吃饭的时候，说到打孩子的话题，李叔叔说，我可从来不打孩子的。

老李说："爸爸，你这话不对。小时候有一次你可把我打惨了。"

李叔叔一脸惊讶，问："什么时候？我怎么不记得了？"

老李说："大概是六七岁的时候吧，有一次邻居到我们家，说看到有人偷摘他家番石榴，挺像是我的。你问我的时候，我说我没有，你不信，拿皮带把我痛打了一顿。我很冤枉，我真的没有偷，可是你就是不相信。后来邻居抓到偷东西的人，是村里另外一个小孩。邻居到咱们家跟你道歉了，你笑着说没关系，误会解除就好。"

李叔叔笑了笑，说："不记得这事了，那也不过一次而已，你就这么记恨。"

老李说："这对我伤害太大了，终身不忘。您知道吗，邻居走后，我一直在等，等您跟我道歉，可是您没有，您看了我一眼，然后就像什么事也没发生过一样。我等啊等，等了30年了。"

李叔叔说："是吗？那我现在跟你道歉吧。对不起啊，儿子。"

老李摇摇头，说："不是的，您并没有意识到自己的错，这样的道歉我不接受。"

李叔叔说："真是的，一件小事那么计较干吗，快吃饭吧，别说了。"

后来老李跟我说，这件事影响了他一生，他从小就特别怕被别人冤枉，也一直不知道爸爸是怎么理解这件事的，爸爸是否知道错怪了他，爸爸有没有后悔过。也因为这个原因，他从小就想从事教育行业的工作，想帮助更多家庭的孩子。对他而言，教育行业跟行医没什么区别，只是医生治的是身体上的病痛，他拯救的是人心灵上的创痛。

将教育行业当成救赎行业，我还是第一次听说，但是我很认同。很多父母给予孩子的伤害，已经超越了一般的病痛。

也终于理解了老李对孩子的耐心和温柔。他从来没有对孩子大声说话，更别提家庭暴力了。每次，他都把孩子当成朋友一样，孩子犯错了，他指正孩子的错误，让孩子深刻认识错误，自己陈述错在哪里，然后道歉。

有时候他跟孩子说了下班陪孩子吃晚饭，但是因为临时加班赶不回家，会打电话跟孩子说明情况。下班回家后，蹲下来跟孩子面对面道歉："对不起，宝贝，因为工作临时出了问题需要处理，爸爸无法及时赶回来，真的很抱歉。"孩子会很体贴地说："没关系，爸爸辛苦了。"

孩子对待大人的错误是很宽容的，他们想要父母道歉，不过是想知道父母是否意识到错误了？而如果父母一直不道歉，孩子才会想，父母说做错事要道歉，那父母有没有道歉？

很多父母仗着"父母"这个身份，明目张胆地从语言上、行为上去批判孩子，仿佛自己是天生的法官。可是，在面对自己的错误时，却用"人非圣人，孰能无过"来替自己推卸责任。其实，孩子要的很简单，他们只是想要一个懂得跟他们道歉的父母，让他们知道，对就是对，错就是错而已。

6 允许孩子"顶嘴"

中国的传统观念里,孩子就是孩子,不论你长到多大,跟父母顶嘴都会被认为是不孝顺的表现。可是,孩子是一个独立的生命,他有思想,有自己的决定或对事物的不同看法。如果一直延续父母的观念与想法,下一代是否还有创造力?

当孩子懂得提出自己的观点,父母首先应该感到高兴,因为这证明孩子有自己的思想逻辑。先不管他们所提出来的观点对与错,能有新的想法代表了他们有在思考。父母可以通过孩子提出的观点进行讨论,有助于发展孩子的语言能力、表达能力。允许孩子"顶嘴",在孩子提出异议的时候,就事论事进行讨论,通过沟通联络一家人的感情,又何尝不是美事一桩呢?假如每次孩子一开口便被父母用"你小孩子家懂什么"顶回去了,过分打击孩子,慢慢地,孩子会失去表达的欲望。

卢先生和女儿的故事就是这样一个案例,他女儿露露最近在机构的优良表现给我印象深刻。说起上述教育理念，我顺便说一下他的案例。

卢先生的父亲有3个女儿和1个儿子，因为严重的重男轻女观念，所以在连续生了3个女儿之后，还是要再生1个儿子，才有了卢先生。

卢先生说，在他记忆里，父亲非常霸道，从来说一不二，不允许任何人挑战他的权威。3个姐姐从小就是唯唯诺诺，只有他偶尔敢跟父亲顶嘴，可也是小声念叨，不敢大声提出来。

家里经济条件一般，孩子又多，父亲情绪很不稳定，脾气又大。每次因为工作上的不愉快，回到家都要摔东西，打骂他们。父亲发泄了自己心里的压力，可是几个孩子在他的怒骂中渐渐变得懦弱，胆小，隐忍，不再敢表露自己的想法。只要在父亲面前，他们就活得像老鼠，而父亲就是那抓老鼠的猫，于是他们每天都如履薄冰。

有一次，父亲让他们四姐弟晚上10点前要做完作业睡觉。大姐说，今天作业比较多，10点做不完，我们又没有不写作业，为什么要给我们限定时间？

父亲听了马上大发雷霆："让你写你就写，还顶嘴？"然后一巴掌就打过去，把大姐嘴角都打烂了。

从那以后，他们在父亲面前更加小心翼翼，别说顶嘴，就是连一句"不是"都不敢说。甚至后来长大成人，他们在人前还是习惯于不表露自己。

父亲时常向母亲抱怨，几个姐姐很少回娘家，卢先生也从不与父亲交流想法。父亲忘了，小时候当他们想表达自己的想法时，那些未说出口的话，是怎样一次次被扼杀的。

所以，卢先生不想犯跟他父亲一样的错，一向很尊重孩子，也很重视孩子的想法。当孩子提出疑惑时，他认真解答。当孩子对他的言行提出质疑时，他给孩子时间表达自己的观点。也经常跟孩子一起讨论，允许孩子对他提出任何问题。

当露露提出她同学在接触右脑开发这个观念的时候，他虽然不懂，还是陪同孩子一起考察、了解。他说，孩子学得比我们多，也比我们灵活，现在的社会，要靠年轻人去创新，需要他们去开发新的世界。

事实证明，孩子的选择是对的。露露通过右脑开发课程培训之后，能几分钟看完一本书，能五分钟背诵1500多个单词，不仅记忆力提升了，专注力也改变了很多。

卢先生很高兴，但是也伤感，说，如果小时候父亲能好好引导他们成长，或许他几个姐姐能学到更多知识，也不至于年纪轻轻便为了脱离家庭而早早出嫁。

幸福的家庭都是相似的，不幸的家庭各有各的不幸。这让我更有动力写这本书，也是为了帮助千千万万的家庭，拯救他们的孩子。也许我的书不能影响千千万万人，但哪怕只有一个人，因为我的书而受到了启发，转而对孩子采取更加科学的教育方法，从而使孩子从中受益，我也备受鼓舞，认为自己所做的一切是值得的，有意义的。

从另一个角度来看，父母不给孩子"顶嘴"的机会，除了觉得孩子懂得没他们多，其实也是怕孩子挑战他们的权威，质疑他们的观点和行为。

我在小区遇见一位阿姨，聊了一会儿，我问她，小雯（她女儿）呢？最近怎么样？

阿姨抱怨道："这孩子，一点志向也没有，专业啃老，整天窝在家里看娱乐节目、玩游戏。哎哟，她如果有你一半的懂事就好了，我就不用操

碎心了。"

我笑了笑,说:"阿姨说得太严重了,我也还有很多需要学习的地方。可能小雯只是暂时没找到合适的工作,过阵子就好了。您别担心。"

阿姨叹了叹气,说:"她今年能找到工作我就满意咯。你看都毕业五六年了,啥事也干不成。每次工作都做不了几个月就辞职,到最后都不肯去面试了。"

我几乎是看着小雯长大的,比她年长几岁,她小时候经常在小区玩,我每次路过楼下的游乐场都可以看到她。细想一下,她的今日,她的妈妈得负很大责任。

小时候她跟妈妈去买衣服,妈妈从来不给她自己选择,她喜欢青蛙图案的裙子,妈妈说要买白雪公主的,女孩子穿个青蛙在身上丑死了。去蛋糕店买蛋糕,妈妈帮她拿了草莓味的,她说她想试试巧克力味,妈妈骂她,她有得吃就好了,还提那么多要求。读小学的时候,妈妈让她学小提琴,她说她喜欢吉他,妈妈不许她继续说,一定要她学小提琴。她实在不喜欢,只能假装生病,弄伤手,最后什么也没学成。甚至两年前最后一次在一个服装店遇见她,她当时跟她妈妈在一起,她妈妈正在给她挑选衣服。同样的一幕又出现了。她妈妈给她找了一条礼服款的连衣裙,她说:"我想试试泡泡裙,今年流行。"她妈妈嚷嚷道:"流行有什么用,还不是会过时,女孩子就该穿得优雅一点。"

小雯的一生,都被她妈妈操控着,标准的"母强女弱"。强势得根本不给孩子开口的机会,孩子从来没有好好表达过自己的想法,也从来没有被尊重过自己的提议。

这种不让孩子"顶嘴"的教育方式,孩子长大会变得很懦弱。是的,

30岁还在父母身边啃老，这时父母常会怪罪孩子没志向，没能力。而浑然不知，孩子的未来在一次次想表达便被以不许"顶嘴"的打击中早已磨灭。

关于"顶嘴"的另一个案例也很典型。

小佳是一个表达力极强，表现力极佳的孩子。他参加了小主持人大赛，获得了不错的成绩。小佳的父母介绍说，在家里孩子只要有想表达的愿望，他们都会耐心倾听。如果孩子言之有理，也会采纳孩子的意见。有一次家里装防盗网，关于卫生间是否需要安装防盗网夫妻二人争执不休。小佳从网上查到了非常详细的资料，认为卫生间也需要安装，并给父母做了详尽的分析。夫妻二人大开眼界，他们可从来没有想到孩子竟会用这种方法影响他们的决策。但同时夫妻二人又感到十分新奇，而且小佳所提出的意见和建议也很中肯，于是夫妻二人不但采纳了小佳的观点，而且还对小佳表示大大的肯定。

后来，小佳还将这件趣事写进作文里，受到了老师的表扬。

在此，我呼吁所有家长，给孩子一个"顶嘴"的机会。话，只有说出来才有意义。不要让孩子淹死在自己毫无意义的思想中。当孩子勇敢发出自己的声音时不要着急打断，先试着听听他们的想法，听听他们的需求。也许，他们能为你带来一些惊喜。

Part 3

谁担起教育孩子的重任

1
教育，爱与责任并行

国家规定，幼儿要满3周岁才可以读幼儿园，但还是有很多父母在孩子1岁多、2岁多的时候，就把孩子送到托儿所。

有些父母是因为没时间带孩子，有些父母则是因为想把孩子托付给机构教育。1岁多的孩子教育什么？可能只是教他们学会自己吃饭。2岁多的孩子教育什么？或许只是教会他们自己上厕所。父母觉得教育的事，是学校的责任。那么，教育到底是谁的责任呢？

3岁前，孩子需要很多的爱来满足他们对安全感的追求。父母能专注爱自己的孩子，但是老师一个人面对班里几十个小孩，给到的爱是寥寥无几的。如果过早把孩子交到机构给老师教育，孩子缺少关爱会感到恐慌，从而抗拒机构，严重的还会认为父母不爱他们，才会把他们交到一个陌生的地方。如果不能及时让孩子感受到父母是爱他们的，缺乏安全感的恐惧将伴随他们一生。所以3岁前，孩子最需要的不是教育，而是爱。

一个相识多年的网友阿芳,曾在深夜给我电话,问了我关于她家孩子抗拒去幼儿园的问题。

孩子今年3岁半,整天说要用飞机炸了幼儿园,要用铲车铲平幼儿园,没有幼儿园就不用去上学了。晚上洗澡的时候,把换下来的校服扔垃圾桶,没有校服就不用去上学了。下雨天不肯去幼儿园,说天气不好。大太阳不肯去幼儿园,说会被晒到。每天哄他上幼儿园,都要全家出动,软硬兼施,有时候甚至一路哭哭啼啼。

就我所知,她儿子在不到2岁的时候就送去托儿所,去的时候还包着尿片,哭得很凄凉,抱着妈妈不肯松手。可是为了所谓的"教育",朋友还是忍痛把孩子放在托儿所,头也不回地走了。接下来的一个星期,都是这样的情况。但是慢慢地,孩子不再抱着妈妈,只是红着眼眶,看着妈妈的身影消失在自己的视线里。我也经常看她在微博里记录孩子的点滴,孩子可以坚持半天不找妈妈了,孩子今天去托儿所没有哭鼻子了,孩子会自己上厕所大小便了,孩子一整天都没有找妈妈了,孩子不再经常要她抱抱了……

小孩儿闹,不愿意去学校。阿芳一家都不明所以。

我问她,孩子上托儿所以后,跟家里人相处的模式有没有什么改变?

阿芳回想很久,说:"有,感觉孩子跟我更亲密了。每天晚上都要抱我的手才睡觉,有时候半夜惊醒,摸到我的脸又安心睡去。去亲戚家做客,我一旦脱离孩子的视线,孩子就会惊慌大哭,舍不得我离开。"

我很肯定地对阿芳说:"你错了,你送孩子去托儿所的时候,家庭和机构两者没有正确过渡好,让孩子精神上产生'被遗弃'的伤害。孩子不是跟你关系变亲密了,而是心里缺乏安全感,想抓住你,怕你舍弃他。"

阿芳不想承认,反问我:"但是孩子上托儿所的时候,除了一开始的不适应，后来都很听话，到了幼儿园之后才变得讨厌上学的。"

我告诉她，孩子刚去托儿所，还是懵懂无知的，他只知道父母忽然把他寄托在一个陌生的地方。他很害怕、无助，不懂表达，只能用哭声告诉你，但是你没有给他响应，还是把他遗弃了。表面上看是妥协了，但其实是心里产生了隔阂，连父母都遗弃他了，他心里对这个世界产生了怀疑。到了幼儿园阶段，他慢慢形成自己的意识，有自己的思维逻辑，也懂得表达自己的情绪。所以他提出让幼儿园消失的说法，他觉得一切都是因为幼儿园的存在引起的。

阿芳听完我的话，很内疚。她说："从来不知道孩子内心世界的需求，只不过想让他多学点东西，不要输在起跑线上。"

我说："父母是孩子最好的老师，更是孩子一辈子的老师。也只有父母才最了解孩子的脾性，能更好地去引导孩子。学校教育只是辅助，传授书面上的理论知识。团体生活让孩子规范化，有组织，有纪律。"

阿芳跟我通完电话后一夜无眠，第二天一早就给我信息，说会多跟孩子沟通，满足孩子精神上的需求，给孩子充足的爱和自由，让孩子明白，父母一直都在。

孩子心理的伤害，或许需要很长时间才可以修复，还好一切都来得及。只是这也证明，很多年轻父母不懂真正的教育，把教育当成学校的责任，也认为只有学校才懂得教育。其实孩子在刚出生的时候，父母就已经在教育的路上了。孩子通过父母的微笑、慈爱、关怀，来认识这个世界。

有一位小学老师，介绍了很多家长到我这里咨询孩子的教育问题。我很感激她的热心。她说："其实我也只是想让家长一起学习怎样教育孩子，减少一些意见上的分歧。"

她教小学一年级，孩子们年龄偏小，想让他们认识到小学和幼儿园的不同，还需要父母一起参与，共同引渡。学校一般会定期开家长会，让父母和老师沟通，多了解孩子的性格和优缺点。有时候周末会请专业教育老师给家长上课，就教育问题进行讨论，避免孩子在学校和家里接收到不同的教育观念。

但是，经常会有家长提出疑问："教育不是学校的责任吗？为什么还需要父母来学习？"有一次她被几位家长质疑到无话可说，过后特意向我请教。我是这样跟她说的：

"老师一个人面对几十个学生传授知识，但是并不知道每个孩子吸收多少，如果父母可以及时知道老师的教学内容，回家自己对孩子加以引导，有助于孩子学习到更多知识。

社会在进步，时代在改变，教学内容也并非十年如一日，父母需要跟着孩子学习，才能了解到孩子到底是怎样成长的。如果父母觉得教育是学校的责任，完全不参与，终有一天，孩子也会成为一棵参天大树，只是，这棵树会结什么果，父母将一无所知。"

教育，任重道远，需要家庭和学校相辅相成，一起努力，给孩子一个健全的成长环境。

2 买卖式教育

前文写到，家长以为把孩子的教育问题交给学校，就万事大吉了。人们习惯用金钱去购买自己想要的东西，包括孩子的教育。特别是在孩子考试成绩不如意的时候，父母脱口而出的话就是"我花那么多钱让你去学校读书，你居然考得这么差劲"。在父母的观念中，花了钱，就应该得到自己想要的东西。细想一下，这确实是当今教育普遍存在的大问题。我接触过很多这方面的教育案例，在此着重再讲一下，让家长们能有更深的认识。

去年冬天，来自长沙的周先生找到我，咨询孩子的教育问题。他40来岁，有3个孩子，最大的女儿11岁，最小的儿子3岁。大女儿从小就带在身边读书，另外2个孩子放在老家，由爷爷奶奶抚养。

他还没成年就辍学出来打工，辗转多年，白手起家，终于在城市有了自己的房子、车子，还开了一家规模不小的公司。老婆也是事业型女性，忙于自己的工作，对家庭琐事彼此都不上心，更无暇关心孩子的教育。

三、谁担起教育孩子的重任

但是周先生因为自身文化水平低，所以特别注重学历，对女儿的教育肯花大钱。花钱、托关系给女儿找名校接受教育，周末报名参加各种培训。可女儿并没有因此感激他，甚至偶尔他有空了，想跟女儿聊一下天，女儿态度也很冷漠。这次通过朋友介绍找到我，是因为前几天女儿考试成绩不及格，他骂了女儿几句，想让女儿知道为了她能得到好的教育自己花了不少钱。谁知道女儿说他一身铜臭味，什么也不懂。

我问周先生："你觉得教育孩子是谁的责任？这种责任可以通过金钱去转移吗？"

周先生好像意识到我想说什么，低声说："我也知道是自己没有尽到父亲的责任去管教孩子。可是我自身学历不高，就想孩子能多用点心学习，也不枉我每年花那么多钱送她去读书。每年交那么多钱，也是觉得学费交得多，孩子的教育也更有保障。"

因为交了学费，所以学校得负担起孩子的教育问题，这种心理很常见，周先生只是犯了一个多数父母都会犯的错误。而这种错误，正在摧毁他跟女儿的关系。

我继续问周先生："孩子到学校读书，老师会教授书面上的知识，但每个学生对老师教的知识领悟的程度不一样，晚上回家需要父母辅导功课。你们是谁给孩子辅导功课呢？"

周先生面露难色，说："我们夫妻都很忙，晚上很晚回家，有时候回来孩子都睡觉了。不过家里有保姆陪着，孩子功课上遇到问题会问保姆。"

是的，白天在学校老师教授功课，晚上保姆辅导功课，孩子的教育，全用金钱搞定。这种买卖式教育，正在淡化父母子女亲情。

我说："周先生，学校只能教给孩子知识，但是孩子的一生，需要懂的东西何其多，知识只是其中很小一部分。他们要懂得怎么样去爱人，感恩美好的事物，对人讲诚信，尊重他人等，而这一切都要父母去引导，以身作则。"

周先生听了我的话欲言又止，几度沉默。过了好一会儿才说："的确，我们和孩子交流得太少了，也没有起到好的影响作用。这些年，我们想的就是如何让孩子得到更好的教育，忘记言传身教的重要性。盲目地认为把孩子的教育交给好的学校就是对孩子负责，没有理解到教育本身的意义。"

我能体谅周先生的心情，他的神情也告诉了我，他知道自己错在哪里，会改正的。不过我还是提醒他，你们过度追求事业的成功，把孩子留给冰冷的家和用金钱雇用的阿姨，伤害了孩子渴望温暖的心。往后不只是要陪孩子成长，还要让孩子在爱里成长。

周先生仿佛得到锦囊妙计，急欲回去施展，稍聊一会儿便赶回家了。

当周先生再次出现在我面前的时候，还带来一个10来岁的女儿，应该是他的大女儿。我算了一下，距离上次见面刚好一个月。

原来，这次周先生是带他女儿过来参加培训，想提升孩子的学习成绩。怕我误会，周先生说："这是冰冰（他女儿）自己提出来的。最近我们有给孩子辅导功课，攻克学习中的不足。但因为我们之前对孩子学习的疏忽，始终跟不上老师的进程。孩子严重缺乏信心，对学习也有焦虑感。跟孩子多次深谈之后，已经减少了两个周末专长培训。孩子现在只想把学习成绩提升上去，我们尊重她的决定。"

我根据冰冰的情况，给她制订课程。通过两个月的学习，她的专注力和记忆力有了大幅度提升，模拟考试成绩达到全班第二名。由于在课堂上积极发言，踊跃参与各种活动，多次被老师公开表扬。冰冰整个精神状态有了很大改变，神采奕奕，充满自信。

有一位很注重教育的妈妈，女儿上了幼儿园后，每天晚上不管多忙，她都要陪女儿一起讲故事、玩游戏。女儿读小学之后，她每天晚上跟女儿一起进书房学习，女儿做作业，她就在边上看书，女儿功课有什么不懂，她就及时辅导。孩子做完功课，一家人在客厅聊天，说说白天的闲文趣事。

"才逾苏小，貌并王婧，韵中生韵，香外生香"，用这诗句来形容秀外慧中的乐琦（女儿）再恰当不过了。这便是我对乐琦的第一印象。

乐琦是一名小学生，在她们学校是个小小名人，能歌善舞，多才多艺，钢琴已经过了十级，成绩也一直是班里前五名，是个标准的"学霸"。

第一次给她上课，发现她身上有难能可贵的品质——专注。不管是放手冥想还是卡片盯看，她全程跟着老师走，每个环节都做得非常到位。哪怕是第一次接触相对而言比较难的乱码记忆，她都能从容应对，勇敢尝试，最后30位乱码一气呵成。我很惊讶，孩子这么优秀，妈妈为什么还会找我。

乐琦的妈妈说，这是乐琦自己的选择，她很喜欢学习，也一直在找让学习更放松的方法。对她而言，学习是一件趣事。

在与乐琦的妈妈的交流中，能够感受到妈妈良好的教育观念——尊重孩子，支持孩子的决定。更重要的是，在孩子成长过程中给予孩子最珍贵的陪伴。正是妈妈细心的陪伴和呵护，才成就如此虚怀若谷、才华横溢的女儿。

金钱只是辅助我们去得到我们想要的东西。它买得了书籍，买得了老师的时间，买得了保姆的服务。但真正有价值的东西，从来都是无价的。例如陪伴、爱和尊重等等。

3

父母也能从孩子身上学习

日常生活中,我们经常说到的都是教孩子,教孩子说话,教孩子写字,教孩子画画,教孩子算数学等。其实在无形中,孩子的到来也教会了父母很多东西。当我这样说的时候,或许父母们会质疑,孩子刚出生就像一张白纸,能教我们什么?

从事教育行业多年,身边很多有孩子的朋友都会跟我聊一些育儿观。每次当我提出"孩子教父母"这个观念,还是有不少人让我举例说明。

朋友小刘有一次到我家闲聊,说到她3岁的儿子豆豆,她说:"我前几天被豆豆上了一课。"

我很感兴趣,问她是什么事。

她说:"我带豆豆在小区玩汽车,豆豆非要自己把汽车从两个石墩中间挪过去,不肯让我帮忙。"

我说:"这是好事,让孩子自己动手,我们不可能事事代劳。"

小刘说:"是呀,所以我就在旁边等。其实中途几次想叫他放弃,但是看见他红扑扑的脸蛋,眼神认真而坚定,就没打断他。结果这一等,就是半个多小时。"

我问:"后来呢?车子挪过去了吗?"

小刘很骄傲地说:"后来,车子当然过去啦,不然豆豆哪肯放弃呀。然后我就在反思,大人一个动作就完成的事,豆豆用了半个多小时,没有不耐烦,也没有气馁。如果是我们大人,估计五分钟就放弃。说到底,孩子比我们有耐心。这几天再遇见什么事,我都会告诉自己,耐心、坚持。"

"我很高兴,你没有因为豆豆花半个多小时重复一个动作而骂他笨,而是从中看到豆豆的坚持和毅力。"

小刘说:"还不是因为从你那里听多了教育经,让我知道孩子身上有很多优良品质值得我们去学习。"

是的,孩子比我们有耐心、勇敢、率真。他们从来只专注一件事,不受环境和利益影响。

曾经有一个网友跟我说,感谢他的孩子,教会他微笑面对人生。他说他工作很忙,很累,经常眉头紧皱。有一次他下班回家,孩子抚摸他的眉头,跟他说:"爸爸,你微笑的时候比较好看,我喜欢看你微笑的样子。"

从那以后,不管发生什么事,他都尽量让自己保持微笑,因为他想让自己更好看,想让别人更喜欢自己。谁知道因为这一改变,他的工作顺利很多,业绩比之前翻了几倍,没过多久就升职了。而这一切,只因为孩子教会他要微笑。

孩子的世界很单纯，在他们眼里只有美和丑，没有为什么。微笑比皱眉好看，如此而已。

有一次我在等红绿灯，旁边一位爸爸牵着他两三岁的儿子也在等。还显示红灯，但是已经没有车辆在走，爸爸跨步出去想闯红灯。孩子提醒道："爸爸，红灯不可以过。"爸爸收回跨出去的脚，微笑着对孩子说："是的，绿灯才可以走，谢谢宝宝教爸爸。"

红灯停，绿灯行，这是孩子很小的时候父母就教给孩子的交通规则。只是很多父母像背书一样说了很多道理，自己却从来不去理解和执行。这个孩子教会了他爸爸，什么叫以身作则。

王先生的案例比较特别，年近50岁的他，问我能否教他快速学会使用电脑和手机。家里有个在读大学的女儿和一个在读初中的儿子。一般像他这个年龄的中年人，都是子女教会使用新科技的东西。

听我这样说，他面露难色，说："孩子读小学的时候想买手机，我没同意，后来因为读初中要住校，才给他买。孩子让我们也买个智能手机，说装什么微信，我和他妈妈不会用，也不想学那些费时间的东西，就一直拒绝。过年孩子回家，又提出让我们买手机的事，我把他骂了一顿，说他不好好读书，整天玩手机，手机不是好东西。今年孩子打回家的电话少了，说现在都是聊微信。这不，跟孩子他妈商量之后，决定我们俩得有一个学会用微信，才能跟孩子聊上。"

科技越来越发达，孩子学的很多新知识父母可能听都没听过。这时候有些父母要么抗拒新事物，要么放不下面子去跟孩子学习新知识，宁可一

直不会,不接触。可是孩子学的东西越多,跟父母的距离就越远,逐渐形成了两个世界。如果父母可以向孩子学习,了解到孩子的世界有些什么新东西,接纳并融入其中,那么就有助于增进亲子关系,也方便父母对孩子进行教育。跟孩子一起成长,其实也是美事一桩。

王先生说:"那我要快点学会,难怪孩子跟我们越来越生疏。"

我安抚他:"不要着急,你先去买个智能手机,然后给孩子电话,让孩子休假的时候回家,教你怎么使用。这样可以促进你们之间的感情,减少隔阂。"

没有给王先生安排课程,但接受了他诚恳的道谢。

教育其实很简单,就是教会对方没有或不会的东西,无论年龄,不论长幼。

我有一个朋友叫小柚,小柚的生活环境很糟糕。父母严重地重男轻女,对小柚的弟弟百般溺爱,对小柚则非打即骂。小柚早早就出来打工赚钱,每个月将工资的大部分寄回家,供养弟弟读大学。之后又帮弟弟还房贷、买汽车……奔波劳碌一生,总是被父母、弟弟追赶着不停地奔跑。父母的坏脾气影响了她,致使她也是脾气暴躁、容易动怒的性格。

后来,小柚结婚生子。带孩子的压力、经济压力、婆媳关系等,都使得小柚更加烦躁,动不动就摔东西、打骂孩子。然而,小柚的女儿却是一个小天使,对妈妈总是很理解,经常安慰妈妈。有一次,在骂完女儿之后,小柚哭着问女儿恨不恨自己,女儿说:"不会呀,妈妈是爱我的,我也爱妈妈。"

这句话,让小柚彻底放下了所有的怨气。小柚开始反思自己,其实是因为从小到大没有享受过父母的爱，在家庭里受了太多的委屈，承受了太多的压力和痛苦，才会养成这样的性格。而女儿这么小，就已经明白宽容。这让小柚心里很愧疚，又感觉很踏实。

此时，女儿给小柚擦了擦眼泪，说道："妈妈，我虽然有时很顽皮，但你有时也很没耐心呀。大家都有缺点，互相包容就好了嘛。"8岁的女儿说出了这样的真理，让小柚大吃一惊，又深有感触。

此后，小柚在老公的帮助下，逐渐地改掉了坏脾气，对家人也越来越温柔。从女儿身上，她学会了包容、忍让、付出和爱。有时候，父母从孩子身上感悟到的，不一定是实际的技能，而更可能是一种纯真、未被尘世污染的纯净心灵。现在小柚一家生活很幸福，女儿也十分争气，幸福快乐地成长着，一家人相互包容，相互理解，和和睦睦地过日子。

小柚的案例，再次证明父母能从孩子身上学到东西。

4 赏识你的孩子

忽略孩子的优点,而过度去关注孩子的缺点,是父母常犯的错误,只是父母没有意识到而已。在孩子眼里,父母是无所不能的,上知天文,下知地理,所向披靡。而父母眼中的孩子,是一个什么都不懂的生物。父母和孩子同样折一只纸飞机,孩子会觉得父母好厉害,会折飞机。而父母则觉得孩子线没压好,飞机翼两边不平衡。这是因为孩子崇拜父母,而父母不懂得欣赏孩子。

赏识孩子,是孩子自信成长的重要因素。

孩子小的时候,刚蹒跚学步,我们总是赞赏道:"宝贝,你可以的,你好棒。"牙牙学语的时候,我们总是鼓励道:"宝贝,说出来,你可以的。"自己吃第一口饭的时候,我们总是夸奖道:"宝贝长大了,能自己吃饭了,好厉害。"就这样,孩子在我们的肯定里勇敢前进,走向这个世界。可是慢慢地,我们的声音变成了"你怎么这么笨,连字都写不好""你怎么这么蠢,数学这么差""这么简单的题都不会做,你有什么用"等等。

孩子在我们的质疑中变得懦弱、自卑、沉默。

我接触过一位极度自负的父亲，他带着两个女儿过来找我，说两个孩子太懦弱了，想通过学习课程增加孩子的自信。

我笑着跟两个孩子打招呼，她们低着头很小声地回应我。这时候，她们的爸爸大声吼道："不懂礼貌啊，真是一点用都没有！"

我很震惊，也对两个孩子懦弱的原因表示理解。看两个孩子快哭了，我对她们的爸爸有点怒气："李先生，如果你想要孩子充满自信，那首先你要学会尊重孩子。"

李先生朝我点头表示抱歉，降低了声调："对不起，我只是一时着急。她俩又笨笨的，我怕她们给你造成麻烦。"

我看了孩子们一眼，她们微微颤抖，在爸爸面前就像老鼠见到猫一样，有种来自心底的恐惧。我转而问李先生："你多久没有赞赏你的孩子了？能不能给我说说她们的优点？"

李先生皱着眉头："她们没啥好赞赏的，也没啥优点。考试成绩一般，又没有什么拿得出手的特长，长得也不起眼。让你见笑了。"

我望着两个孩子，说："你知道为什么孩子没有优点吗？这完全是你的原因。你不懂得赏识你的孩子，埋没了孩子的亮点。"我拿起一张白纸，在上面画一个黑点，然后拿起白纸问李先生："你看到了什么？"

李先生不懂我的意思，犹豫了一会儿，还是回答了："有个黑点。"

我摇了摇头："这张白纸就像孩子的优点，而那个黑点，就是孩子的缺点。你的专注力在哪里，你在乎的东西就在哪里。很显然，你更在乎你认为是错误的东西。就像孩子考试考了99分，你不关注得到的99分，却抓着那错误的1分不放。"

李先生支支吾吾："那我试试以后多赞赏她们。"

我再次跟他强调，不是多赞赏，而是用心、用你的眼睛，去发现孩子的优点、发光点。现在，你再回想一下，孩子有什么优点？

李先生走到两个孩子身边，摸了摸她们的头，说："她们很乖巧，回家自己做作业，有时间会帮忙做家务，对长辈很有礼貌……"

两个孩子同时抬头望着他，大女儿甚至红了眼眶。我想，或许是因为太久没有得到父母的肯定，这对孩子而言，就像甘露一样可贵。

李先生看到孩子的表情，瞬间哽咽了，我想，他应该领悟到了赏识教育的力量。

两个孩子后来参加了超强记忆力培训，一个月时间有了很大改变，大女儿5分钟背诵了200个新的英语单词，小女儿也能背到100多个。李先生给我打电话，说孩子进步很大，老师家访的时候特别表扬了。

我跟李先生说："孩子需要的不只是老师的表扬，更多的是父母的欣赏和尊重。"

李先生在电话那头沉思了一会儿，说："是的，谢谢王老师，孩子现在自信了很多，脸上笑容灿烂，说话声音也响亮。最主要是，孩子现在会跟我一起聊天，以前我说话她们都只会回答是与不是，对与不对，像接收命令。现在可以沟通、交流，感觉这样才像是一家人。"

我们都需要别人的赏识，也喜欢跟欣赏我们的人相处。赞美是美好的，没有人不向往美好。

孩子是脆弱的，他们在探索这个世界的时候，会受到很多打击和挫折，父母适当的鼓励和肯定，可以给他们力量，爱的力量。如果只是一味地打击、否决、责骂，孩子会开始质疑这个世界，从而退缩，恐惧需要面对的一切，慢慢变得懦弱、胆怯。

国内著名心理学家武志红在《巨婴国》中提到过：有此说——生命最初几年，如能攒够五千个夸奖，就可以帮助孩子建立自信。其实我认为，无论是什么阶段，赏识孩子都很重要。

但另一方面，如何赞赏孩子，也需要我们非常注意。会有父母说，我一直都很赏识我的孩子，不管孩子做什么我都支持。这种观念也存在一定的偏差。无条件支持就是无边界放纵，赏识不是放纵。

曾经看过一个新闻，孩子因为长期在家被父母过度赞赏，在学校接受不了老师的批评，一怒之下动手打了老师。这就是错误理解赏识教育的结果。正确的事，一旦超过界限，就变成错误。过度赞赏会让孩子变得骄傲自负，认为自己最了不起，承受不了别人的指教，逐渐地变得目中无人、自大狂妄。

赞赏也要讲究时机。在适当时机给予的鼓励，是甘露。而在孩子犯原则性错误的时候还赞赏，对孩子的未来而言如遇砒霜。赞赏的标准在哪里，也是父母需要学习的地方。只能说，父母有正确的教育观，孩子才能接受到正确的教育。

总而言之，赞赏也是一门学问，不可不赞，也无须过度称赞，更不能在原则性错误面前谬用赞赏。身为父母，要掌握好这门学问，才能给予孩子正确的指引。

Part 4

孩子是什么

孩子,你是你自己

孩子是什么?我们先来欣赏一首著名作家纪伯伦的诗:

你的儿女,其实不是你的儿女

你的儿女,其实不是你的儿女
他们是生命对于自身渴望而诞生的孩子。
他们借助你来到这世界,却非因你而来,
他们在你身旁,却并不属于你。

你可以给予他们的是你的爱,却不是你的想法,
因为他们有自己的思想。
你可以庇护的是他们的身体,却不是他们的灵魂,
因为他们的灵魂属于明天,属于你做梦也无法到达的明天。

你可以拼尽全力，变得像他们一样，
却不要让他们变得和你一样，
因为生命不会后退，也不在过去停留。

你是弓，儿女是从你那里射出的箭。
弓箭手望着未来之路上的箭靶，
他用尽力气将你拉开，使他的箭射的又快又远。
怀着快乐的心情，在弓箭手的手中弯曲吧，
因为他爱一路飞翔的箭，也爱无比稳定的弓。

  这首诗，是我个人非常喜爱的。它用诗意的语句，精准地描述了父母与孩子的关系。父母只是给了孩子生命，而不是父母的天地。父母有自己的世界，孩子也有孩子的未来。两者的生命轨迹只是重合了一个阶段，谁也无法陪伴谁走到最后。说到底，父母是孩子的引路人，但孩子终归要走自己的路。

  这段话，我是写给家长看的，同时也是写给孩子看的。很多家长将他们的孩子带到我这边来的时候，孩子的自理能力、自控力、责任感都偏弱，做事拖拖拉拉，东张西望，这些行为的原因是什么？归根结底，就是孩子们会有一种感觉，自己所做的事并不是自己需要做的、想要做的，只是在执行大人给予的"任务"，而且，那些事情做与不做，做得好不好，都与自己没有关系。

  孩子，你的人生是你自己的。而人生的每一个阶段，每一个选择，都会对你的将来造成影响。有时候，你以为只是微不足道的细节，可能就决定了你的一生。你的懒惰、拖拉、自暴自弃，造成的都是对你将来的消极影响。

想要学画画，兴致勃勃地买了画笔和各种各样的工具，3天后因为太无聊而放弃。

想要学钢琴，父母给买了万元的钢琴，又给报了学习班，一个星期后因为练习太辛苦而放弃。

觉得自己在数学方面有些天赋，记忆力也不错，参加了数学竞赛班，10天后因为发觉越来越难而放弃。

想要当医生，悬壶济世，翻开了生物课本却发现知识点太多，遂放弃。

……

孩子，你到底想成为什么样的人？你不断地追寻内心真正渴望的东西，我理解。但是孩子，轻言放弃可不能让你获得自己真正想要的人生啊！我们不希望你把自己的人生当作赌注，在我们尊重你的选择的同时，你也要为自己的人生背负起属于自己的责任。

很多家长向我描述每天出门时的情景都十分相似。距离上课还有半小时时间，做好了早餐叫醒孩子，孩子却要赖床，好不容易起来了，刷牙、洗脸也是磨磨蹭蹭，穿好衣服、吃早餐、穿鞋子、拿书包……直到最后一刻才冲上车。每天都是如此，父母大呼小叫催促，孩子则不紧不慢进行。这把父母气得两眼翻白却无计可施。

后来，我向其中一位家长建议，下次试试不要催孩子，让孩子睡到自然醒，醒来后刷牙、洗脸、穿衣、吃早餐、穿鞋子、拿书包，全都不催促，让孩子自己把握时间和进度，当然，后果也由自己承担。

果不其然，第一天孩子就迟到了。在学校被老师批评，脆弱的心灵受到了打击，回到家中抱怨："爸妈为什么不催我？害我被老师骂。"父母则慢慢悠悠回答："我们上班你不也没催我们吗，我们上班迟到了被罚钱，我们管你要钱了吗？自己的事自己负责啊。"

孩子无言以对，当天晚上自己调好了闹钟，第二天早上准时起来，父母优哉游哉地看早间新闻、吃早餐，孩子的所有动作都自己完成。在准确的时间内上了车由父母送去了学校。从此，这成了他们家的新模式——各人忙各人的，各人承担各人的事。

每当孩子说想再多睡5分钟时，父母就这样引导："好的，那你待会儿刷牙洗脸减少5分钟。"孩子就一个鲤鱼打挺跳起来，快手快脚做自己的事。有时候孩子撒娇："爸爸妈妈，借5分钟给我睡会儿吧。"说完自己就笑了，"时间是能借的吗？不能呀！"

孩子，你是你自己。你想要掌控自己的人生，不受他人摆布，首先小事要自己做。做自己力所能及的事情，将来你会在自己的领域有一番作为。

孩子，你今天所有的努力，都是你明天要结的果实。父母能做的，只是给予你辅助，自己的路，还是要自己走。跟别人，真的都无关。

2 孩子，父母不是你的用人

写这一节，我是深有体会。见过太多的家长，把自己的地位降得很低，对孩子鞍前马后地照顾，将孩子当成了"老佛爷"般，捧在手里怕摔了，放在心上怕化了。有些孩子对家长颐指气使，稍有不顺心就大发雷霆，父母依然是低声下气，赔礼道歉。

先不说即便是用人，也并非如此这般的忍气吞声，作为孩子的父母，难道不应该反省一下自己的教育方式吗？孩子在婴儿时期不具备自理能力，尤其是新生儿时期，对孩子关怀备至、照顾妥帖自然是应该的，但随着孩子年龄增长，能力增强，加上各方面认知都逐步完善，却依然把孩子当作婴儿对待，这样不但会助长了孩子暴躁的性情，还会贬低自己，失去了做父母的作用。

"都怪爸妈没提醒我，我都忘了做作业。"

"都怪爸妈没叫醒我，我都迟到了。"

"都怪爸妈没帮我收拾玩具，我踩到摔倒了。"

"都怪爸爸妈妈不给我买新衣服，我受凉了。"

……

这种抱怨的语气和句子，是不是非常熟悉呢？在我的教育职业生涯中，来自孩子这样的抱怨非常多。以"都怪爸妈……"为开头，以"害得我……"为结尾。这种时候父母大多都在旁边附和："是是是，怪我没有做好。"

问题是，这些事情孩子不会自己做吗？他们已经不是婴幼童了，早就具备了自律自理的能力，而父母依然跟在屁股后面亲力亲为，恨不得所有的事都为孩子打点好。亲爱的家长们，你们是父母，不是用人。

写到这里，我想讲一个例子，并非正值教育关键期的青少年，而是两个成年男人的故事。

我有一个亲戚的阿姨，她的2个儿子，一个32岁，一个28岁。阿姨属于操心命、劳碌命，2个孩子从小到大是手不沾水、脚不下地，饭来张口、衣来伸手的那种。大儿子初中没读完就休学在家玩游戏，阿姨说上学太辛苦，既然孩子不是读书的料，就不难为他了。小儿子勉勉强强读完高中，最差的技术院校都没能考上，也索性在家玩电脑了。

阿姨操心了一辈子，张罗大儿子娶了媳妇，结果儿媳妇也是懒惰的人——也许所有孩子的懒惰都是被阿姨惯出来的。儿媳妇也不工作，在家看电视追韩剧。3个成年、四肢健全、智力完整的孩子，在家等着阿姨和姨夫养。工作也介绍了很多份，阿姨到处拜托人找关系。但由于两个儿子学历低，也没什么工作经验，只能找到超市收银台、澡堂搓澡工之类的工作。孩子们又嫌辛苦，做不了一两个星期就辞职走人，连薪酬都不要。

阿姨在家每天洗衣、拖地、买菜、做饭照顾三个成年人，姨夫则长年累月在外面漂泊。姨夫是做工程的，大年三十都还在工作。有时候一去就是大半年，苍老得非常快。才50多岁的人，看着就像70多岁的相貌。

阿姨的教育方式，我几乎是一路看着过来的，并且早就预料到他们的未来。阿姨把自己当成了用人，大儿子10岁时还不会自己拿筷子吃饭，还用勺子。他们的衣服从来都是阿姨洗的，无论严寒酷暑，不管冬暖夏凉，两个儿子都纹丝不动做自己的事——玩游戏，看电视，玩手机。

我们也劝过阿姨，要培养孩子独立自主的个性，不要把自己当作用人。阿姨却说："他们都这么大了，哪肯听我的啊？我现在只希望大儿子给我生个大胖孙子，二儿子娶个媳妇，再给我生个孙子，那就好咯。"

可是，再生个孙子，又如何呢？就是再添个孩子，两个老人家养四五个孩子，又怎样呢？有人说，这种付出型、奉献型的父母非常伟大。要我说，并不，一点也不伟大，而是非常自私，非常愚蠢。

现在阿姨和姨夫还能工作，还能照顾孩子们，但他们已经逐渐年长，当他们年迈、丧失劳动力的时候，谁来给予孩子们安稳的生活和无忧的未来？人世莫测，3个有手有脚却没有任何技能的成年人，又该如何应对这个纷繁复杂的世界？当风暴来临，他们如何扛起这个家的重担？

这个例子，可能对于年轻的父母来说有些遥远，感触没那么深。然而，如果诸位父母不予以重视，案例中的两个老人家，可能就是大家的将来。

大家都看过湖南卫视非常著名的一档节目——《变形记》。城里的孩子在父母、爷爷奶奶、外公外婆、保姆阿姨等人的悉心照顾下成长，衣食无忧，但是他们大多数都娇生惯养，飞扬跋扈，目中无人。反观乡村里的孩子，却大多数都独立自强，家庭环境和条件不太好，父母外出打工常年不归,但他们都非常坚强。他们不但自己上学、读书,照顾自己,可能还需要照顾家中没有劳动力的长辈和年纪更小的弟弟妹妹。两者一对比,反差强烈。

在此我们不评论这档节目,我只是想用这个例子来说明,有时候充足的物质世界并不能帮助孩子成为优秀的人,还需要精神世界的教育与指引。有些父母对孩子马首是瞻,唯命是从。我曾在公园见到一个七八岁的孩子要妈妈背,妈妈手里提着东西,背后还背着包。无奈之下还是背着孩子走,把包背在胸前,手里还提着重物,就这样艰难地走着。而孩子则一边嘻哈大笑,一边玩耍着。也曾见过有些父母费尽心思做好饭菜,孩子说不爱吃就下厨重新做,吃完了把筷子一扔,让父母收拾碗筷,刷碗洗锅,孩子则在一旁悠然自得看电视。

父母把自己定位为用人,孩子会认为父母所有的付出都是应该的,自然就不会心存感恩,只懂得享受、索取。这样的孩子非常自我,将来在社会上也是要备受挫折和打击的。

再者,当孩子的用人,我们问过孩子的意愿了吗?孩子需要的真的是一个全天候保姆式的父母吗?不一定。也许孩子还小,说不清楚自己的需求。但父母这种不妥当的做法,会导致孩子过早地模糊了角色定位,进而习惯了这样的模式。这样的做法,百害而无一利。

孩子需要的是亦师亦友的父母,是依靠而不是依赖,是信任而不是依存。该严格的时候要严格,让孩子养成好习惯,独立、坚持、乐观、积极。

首先,孩子会做的事,放手让孩子做。自己刷牙洗脸,自己洗头洗澡,自己收拾书包,自己做作业……刚开始可能做得磕磕碰碰,不尽完美,但只要让孩子坚持做,不但只是表面上得到的好处那么简单,还可以帮助孩子养成独立的好习惯，进而培养孩子自主自立的优秀品质。

其次，孩子不会做的事，让孩子学着做。每个阶段的孩子都有自己的能力，尽管有些事情他们当前还不会做，但只要耐心引导，给足够的时间让孩子去学习，去模仿，去操作，总能做到更好。在这个过程中，温柔、坚持是非常重要的。有句话是这样说的："你想让孩子成为什么样的人，自己就必须先成为什么样的人。"如果自己在带领孩子的时候是温和的、耐心的、有毅力的，孩子也会学着你的品质，成为一个温和耐心、意志力强大的人。相反，如果你暴躁不安、焦急难耐地引导孩子，孩子可能也会像你一样，变得情绪激动、反复无常。

最后，让孩子承担家庭义务。除了做好自己的事之外，也适当让孩子参与家庭活动。如周未来一个大扫除，让孩子负责收拾房间、衣服等，这个过程本身对孩子来说就其乐无穷。有了参与感，他会更加积极，更加主动。他们会知道，承担家庭义务，并非父母的专利。父母不是用人，自己也是家庭的成员，也是有责任去分担任务的。

其实，这一章节除了写给父母，同时也是写给孩子看的。在警醒父母反思自己的不当教育方式的同时，也希望孩子们知道，父母的爱是无条件，但不是无底线的。父母应该告诉孩子："孩子，我们容许你们从我们这儿索取无穷无尽的爱，我们也会尽自己所能给予你最大程度的关怀与温暖，但我们是你们的父母，不是用人。"

3

尊重孩子

日常生活中,我们知道要尊重别人,也懂得去尊重别人。但是,我们尊重的对象一般是指我们的同辈或长辈。对于孩子,很少人想到"尊重"这个词。

其实,孩子从一出生就需要我们的尊重,而不穿开裆裤、不兜尿是我们对孩子最初期,最基本的尊重。很多父母为了自己的方便,选择给孩子穿开裆裤,随时兜尿。穿开裆裤暴露孩子的生殖器官,让孩子毫无隐私可言。给孩子兜尿,控制孩子的生理功能。这都是因为他是个孩子。父母忘了,孩子是一个独立的人,有自己的尊严和人格。

父母要学会尊重孩子,很多人会问,怎样才算尊重呢?其实,尊重孩子真的很简单,只要你对他像对大人一样就好。倾听孩子的想法,尊重孩子的选择,就像面对我们的朋友一样。

有一次跟朋友吃饭,她一直在教她儿子拿筷子:"跟你说了多少次了,这样拿，对，哎呀，错了，这样，这样。"她声音越来越急，孩子从一脸懵懂到手足无措，也吓得快哭了。那是个读幼儿园中班的孩子，会拿筷子，只是使用左手，朋友觉得一般人都是右手，自己的孩子被别人说左撇子，不好听。

"其实拿筷子并没有规定用哪只手，顺其自然就好。"我出声拯救孩子。

朋友很坚持，不行，左撇子是错的，不能任由他自己乱来。

这种说法我听过，但是并没有任何依据可以证明。就因为与众不同，所以被贴上错误的标签。

我再次劝朋友，艺术大师达·芬奇就是左撇子，富豪比尔·盖茨、美国前总统奥巴马等，也都是左撇子。不管哪只手拿筷子，对孩子而言只是一种习惯，不存在什么对错。再说了，这么小一件事，我相信孩子可以自己决定。

朋友知道我从事教育行业，接触的孩子多，有很多教育经验。多少有点动摇自己的信念，松开了紧抓孩子的手，表情也缓和了很多。孩子又用左手拿回筷子，很乖巧地吃饭。

我笑了笑，你看，这不就皆大欢喜了吗？你看，孩子吃饭吃得多好，只要是用手吃饭，左手右手又有什么区别呢？

生活中这样的例子不胜枚举，父母从小给孩子的观念就是，我懂得比你多，我可以替你决定。在这种环境长大的孩子，有朝一日学到的知识超过父母，他也会有轻视父母的态度。

朋友回去后，给我打电话，继续吃饭时候的话题。她说："我想了很久，觉得或许我错了。忽略了孩子的感受，让他没面子了。"

我说:"这不是面子问题,而是你无视孩子的人格,强烈伤害了孩子的自尊心。这么极端地用自己的观点去否决孩子的行为,是因为你从根本上没想过要尊重孩子。"

她承认说:"是啊,我这人性格就是大大咧咧,确实很多时候没有顾及孩子的感受。又因为性子急,总是恨不得替孩子把所有事情都安排好,没给时间让孩子去做决定。"

既然你已经知道自己哪里做得不够好,那从今天开始就要慢慢改正。也不要过分自责,所有父母都是跟着孩子一起成长的。

只要孩子没有真正出现原则性,或者违背道德和法律的问题,我们只能在孩子做决定的时候给他建议,不能替他决定。建议和决定,这两者是有分界的,父母很容易过界,怎样掌握这个界线,只能父母自己慢慢摸索,慢慢领悟。但是,给孩子充分的尊重,一定错不了。

曾经有过一个类似的案例:

一位40多岁的大姐,姓简,给她的儿子报名参加我们的课程,但是后来孩子没有来。

简大姐的儿子高中毕业后就出去打工,不管父母怎么命令还是哀求,就是不肯读大学。因为家庭环境不差,简大姐一直想要孩子大学毕业后再去国外留学的,这样在亲朋好友中比较有面子。谁知道孩子别说留学了,大学都不肯读。简大姐面子上挂不住,威胁要断绝母子关系。孩子干脆不回家,就像真的断绝了关系。最后还是亲戚帮忙做说客,缓和了孩子和家庭的关系。

简大姐找到我们,是想要孩子能继续学些知识或技能,从事一些比较体面的工作,别丢了父母的脸。

我问简大姐:"为什么一直强调面子问题,尊重孩子的选择不是更重要吗?"

简大姐直摇头,说:"我这儿子你不了解,做什么事都三分钟热度,也没什么特长。从小到大我都不知道为他操了多少心,什么路都帮他铺好了,及时断了他自己那些乱七八糟的念想。他不知道感恩,还说满18岁就成年,可以离开家庭开始新的生活,真是没良心。"

"那是因为你给孩子选的路,不是他想走的路,他只能选择离开,另辟新路。"

简大姐说:"我给他选的都是最好的,也是对他未来最有帮助的,他自己哪里有这样的资源,非要出去撞得头破血流才肯相信父母的用心良苦。"

"孩子都是在磕磕碰碰中成长的,就像小时候学走路一样,总要一次次摔跤,跌倒了再爬起来,慢慢才会走,然后会跑。其他事情也一样,父母什么都包办对孩子而言并不公平,剥夺了孩子做选择的自由,让孩子觉得自己的决定没有意义,也失去了人生的意义。你语气中充满对孩子的不屑,对孩子没有丝毫的尊重,孩子长期生活在这样的环境中,找不到自己存在的价值。"

简大姐不认同我的话,说:"不用管这些了,你帮我给孩子制订一个课程,我先报名,明天再带孩子过来。"

我也觉得一时半会儿也改变不了简大姐的思想观念,等见了孩子再和孩子聊或许会更好。但是,我并没有等到简大姐儿子的到来,他不再听父母的任何安排。我不觉得是孩子的问题,只是很遗憾,如果我可以见到孩子,或许我可以帮他抚平一些伤痕。但是我也很高兴,他有勇气开始新的生活,尊重自己的选择。

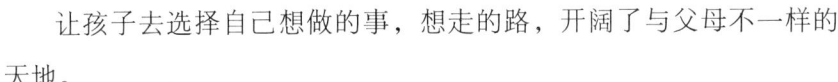

让孩子去选择自己想做的事，想走的路，开阔了与父母不一样的天地。

尊重孩子，很多人会觉得是一个比较空泛的话题，其实一点儿也不是。我们可以从日常生活的点滴做起，尊重孩子，首先可以从蹲下来与孩子齐平对话做起。

很多时候，当孩子向"高高在上"的父母表达自己的愿望时，父母都可能不耐烦地说："走走走，别打扰我。"……每当孩子有事问你，你是不是居高临下、严肃冷漠地回应？从今天开始，试试蹲下来，将自己放到一个与孩子相对较为平等的位置开展对话。"孩子，你今天为什么这样哭闹，爸爸知道你不高兴，可是你能告诉爸爸你为什么不高兴吗？"放下架子，表达你愿意与孩子交心的意愿，引导孩子接触你、亲近你。

其实孩子只是身高、躯体比大人们小，但他们的思维、尊严已经具备大人的初级形态。他们也有自己的想法，自己的意愿，更有自己的尊严。当孩子从大人这儿收获到的，长期以来都是粗暴打断、冷漠对待时，孩子就会感觉自己不被尊重，不受重视，逐渐地与家长的沟通也出现了严重问题，家长想要开展家庭教育，更加无从入手。

从今天起，学着蹲下来与孩子交谈，学着尊重孩子，学着倾听孩子的需求，将孩子当成一个独立的人，一个有思想、有尊严的人来对待，会有意想不到的事情发生在你的亲子关系中。

4

走进孩子的世界

走进孩子的世界,听起来很难,其实很简单。只要我们用心观察,会发现孩子真的很简单,很容易满足。

相信很多父母遇到过这样尴尬的情况,就是亲朋好友的小朋友来家里玩,看中自己家孩子的玩具,父母很大方把玩具送给对方的孩子,结果自己的孩子哭得撕心裂肺,不肯松手。父母会不解,不就是个小玩具吗?改天重新买一个就好了,还要哭哭啼啼,真是丢脸,好尴尬。其实,对孩子而言,他们的玩具就相当于我们大人的手机、车子。假如你朋友看中你的手机,你会随手送给他吗?或许父母会觉得两者不能相提并论,但在孩子的世界里,玩具就是他们的一切。他们花在玩具身上的时间,不比我们花在手机、车子身上的时间少。你得走进孩子的世界,才能理解他的世界里存在的那些东西对他的价值。

还有一个常见的情况,父母买了东西给孩子,也理解东西对孩子而言很重要,但还是会根据自己定义东西是否有价值,而对东西的去留做决

定。此时，父母完全忘记了东西买给孩子就是孩子的，父母没有权利不经过孩子的同意将他们的东西随手赠送给他人或丢弃，而应该征询他们的同意。有人会觉得这样太小题大做，那是因为没有学会站在孩子的世界看待孩子的行为。

前同事老吕，跟我说过一个跟他女儿有关的故事。

他女儿有一只巴掌大的小布偶，从小玩到大，又旧又破，妈妈已经帮忙缝了很多次，也洗了无数次，可看上去几乎就是一团脏东西。不管家里人怎么劝，孩子就是不肯丢了布偶，去哪儿都要带着，睡觉还要拿在手里。考虑到小布偶太脏，上面有些细菌会影响孩子的健康，有一天周末，妈妈打扫卫生的时候，顺手把小布偶带到楼下垃圾桶扔了。结果当天晚上睡觉的时候，孩子到处找不到布偶，不肯睡觉，一直哭闹。后来孩子哭到呕吐，还是不肯停下来，仍然哭个不停。没办法，他们俩拿着手电筒去楼下垃圾桶把布偶找回来，清洗干净烘干，女儿拿在手里才安心睡着了。

他跟我说："从那以后，他再不敢随便动女儿的东西了。"我说："这个道理你懂得太迟了。"他苦笑，应该是真的深有体会了。

我们经常按照我们的理解，去给孩子的东西定价。可是我们忽略了孩子的世界，所有东西都是无价的。对孩子而言，这个小布偶相当于她的亲人一样，从她有记忆开始就陪着她，给了她安全感。这已经不是用金钱可以衡量的价值，而是一种无法割舍的感情。

有一次参加朋友的婚宴，跟她老家的亲戚坐在同一桌。其中有两个六七岁的孩子，他们的父母一直帮他们夹菜，然后督促他们快点吃。父母

的动作很快，孩子的眼神很呆。

妈妈一边夹一边说："这个是海参，好吃又有营养，快点吃。"

孩子嘟着嘴说："妈妈，我不喜欢吃这个。"

妈妈厉声骂："你懂什么，这是好东西，快吃，别啰唆。"

过了一会儿，又听见妈妈说："龙虾比我们平时吃的小虾贵多了，快点吃。"

孩子说："妈妈，这个虾肉不软，我不要，我要吃烧鹅。"

妈妈又骂："不吃也得吃，吃了对身体好，你个傻孩子，不懂事……"

一餐饭下来，我替孩子着急了很多次。但是因为不相熟，不敢贸然开口，只能看着孩子皱着眉头咽下妈妈夹的所有菜，表情很痛苦。

大人讲究什么东西营养好，什么东西价格贵，然后灌输给孩子这些价值观，强迫孩子接受。但是在孩子的世界，他们只关注东西好不好吃，喜不喜欢吃，至于价值多少，对他们而言没有任何意义。如果父母可以理解，让孩子愉快用餐，孩子可以吃到自己想要的美味，对孩子而言才是最大的满足吧。

对孩子而言，没有价值，没有贵贱，他们只讲究喜欢与否，喜欢的话，那就是无价，不喜欢的话，那就是无价值。孩子的世界，真的很简单。

Part 5

家庭教育

1 原来教育这么有趣

听到"教育"这个词,很多人都觉得任务艰巨,而又枯燥无味。印象中,老师也都是一副严肃的样子。有些父母在说起孩子的教育问题时,也是相互推脱,如烫手香芋。爸爸说,女人比较有耐心,适合教孩子。妈妈说,养子不教父之过。其实,如果真的找对教育孩子的方式,教育也是很有趣的事。

通过多年的研究发现,最简单有趣的教育方式,就是和孩子一起回到童年。

我有一个朋友,是一位全职妈妈,经常在网上晒她的生活,其中大部分是跟她女儿有关的内容。我一直很关注她,很认同她的教育方式。她的教育方式很有趣,有趣的东西谁会拒绝呢?所以,我经常翻看她的微博。

春天的时候,她带女儿去踏春,在网上写道:"带女儿踏春,寻找春天,女儿找到了绿叶、鲜花、小草和蜗牛。我穿着花裙子,女儿说我把春天穿在身上了。感谢宝贝，让我心花怒放。"

夏天的时候，她带女儿去山村的小溪边抓鱼，和女儿每人一个鱼捞，比赛谁捞的鱼多，玩得不亦乐乎。她在网上写道："快天黑的时候，我跟女儿说，天黑了，我们要回家了，鱼儿的妈妈在找它们了。于是，女儿放生了抓到的鱼儿。快乐的一天，虽然两手空空，可是女儿知道了什么叫众生平等，学会了尊重生命。"

秋天的时候，她带女儿去郊外画画。晒出的图片中，女儿把她画成一个大嘴巴，大耳朵，小眼睛的怪人，她把女儿画成一个樱桃嘴，大眼睛，瓜子脸的小美人。她跟女儿看着彼此的画笑得前俯后仰，丈夫负责给他们拍照，保留这些快乐时刻。

冬天的时候，她带女儿去堆雪人、扫雪。她在网上说："女儿堆了雪人，打了雪仗，享受到雪带来的乐趣。女儿又帮忙清扫了雪地，体谅了保洁阿姨雪天工作的不容易。"

这个朋友很注重教育，她的教育观是，最好的教育是陪你一起成长，感受成长的乐趣。她也做到了，给了孩子最好的教育。

当然，很多父母做不到这样的陪伴，因为总有理由找不到时间。但也有一些父母，是因为放不下面子和孩子一起玩乐。总是有些父母认为，孩子的行为太过幼稚。但是反过来想，孩子之所以能够心无旁骛做自己想做的事，是因为他们没有顾忌别人的眼光，不在意别人的想法。所以，幼稚其实也是率真的另一种表现。

每个大人都是长大的孩子，在世俗的眼光里长大，越在意世俗，童真就离得越远。陪孩子一起成长，不过是释放父母心中被抑制的童真。

有个朋友很喜欢带他孩子去动物园，我问过他，每个月都去动物园，会不会觉得无聊？

他很兴奋地回答我："不会，而且特别喜欢。小时候我就很想去动物园的，但经济不允许，我妈就没带我去。难得现在孩子喜欢去，自己也有机会可以弥补一下小时候的遗憾。"

在满足孩子的愿望时，也达成小时候的愿望，这是多么美好的事。可是，教育就是这么有趣，它兜兜转转，不过是让大人再走一遍小时候走过的路，顺便看看小时候遗漏的风景。

我在微信朋友圈看到有个朋友晒了自己培植的蘑菇，他每天更新蘑菇的生长状态，发的照片中，还有他儿子小小的身影在给蘑菇喷水，肉肉的小手在摸蘑菇。有朋友给他评论，让他要确定蘑菇有没有毒。他回复道，蘑菇没毒，是网上买的，店家说是食用蘑菇。朋友又说："不如去市场买回来煮，何必这么麻烦自己培植？"他说："这不是金钱的问题，而是一种乐趣，我们一家人都享受这个过程。我儿子现在每天都要给蘑菇浇水，让蘑菇吃饱，每天早上醒来就是看蘑菇又长高多少了。因为一株蘑菇，他每天都充满期待，饱含激情，而且还通过实践了解了蘑菇是怎样生长的。我觉得这份意义，早已超越了金钱。"

我对他的回复很是赞赏，也知道了其实世界上还有很多既有趣又有价值的教育方式。例如，跟孩子一起培植一株蘑菇。

有一天到远房亲戚表姐家吃饭，发现她家餐桌上有个大碗里面装了很多鸡蛋。那是一些快乐的鸡蛋，因为它们都有一张笑脸。

家里的小宝贝献宝似的，跟我说："阿姨，请你吃一个鸡蛋，祝你天天开心。"

我拿了一个鸡蛋仔细看了看，画得有点丑，不过笑脸是真心的。我问："这是宝贝画的么？真好看，阿姨看了已经很开心了。"

小宝贝很高兴地点头，说："是我画的，是我画的。"然后她从碗里拿了另外一个鸡蛋给我，说："这是妈妈画的。"

我看一下，笑脸画得也很一般。这时候，表姐腼腆地说："不画不知道，一画吓一跳，大概就是说我，我都不知道自己画画这么没有天分。"

宝贝在边上抗议妈妈说的话："才不是呢，妈妈画得可漂亮了。"

我笑了笑，说："是啊，都很漂亮，好可爱的笑脸，阿姨很喜欢。"

吃饭的时候，表姐说："今天在家闲着无聊，宝贝看到电视里的不倒翁很感兴趣，我就煮了几个鸡蛋跟她一起自己做不倒翁。我还担心她会想要画一些高难度的东西，结果她跟我说想要画笑脸，因为笑脸很开心。我就跟她建议，大家每人都吃一个，开开心心。"

真是个很懂生活的妈妈，如果换做其他妈妈，可能会给孩子买一个不倒翁。可是她带着孩子自己做，不用花多余的钱，又可以让孩子感受到动手的乐趣，从画画中得到自信，更在无形中传递给孩子正能量——微笑的不倒翁。

虽然每个人都渴望通过教育让孩子学到东西。但是，教育的过程很漫长，它如果是愉悦的，那孩子会更愿意接受它。改变教育的方式，拒绝一板一眼，让孩子发现原来学习这么有趣。

2 爱是无言的鞭策

当下很多父母都在讨论一个话题，就是孩子应该穷养，还是富养？有的人认为穷养的孩子早当家，有的人认为富养的孩子有自信。后来得出一个结论，不管穷养还是富养，最好的方法是用爱养。因为爱是孩子成长路上最好、最需要的礼物。给孩子足够的爱，孩子才能感受到生活的快乐，生命的幸福。这是一种很好的觉醒，孩子的世界将变得更美好。

有一次参加培训，老师分享了一个关于爱的故事，我觉得很有意义，下面跟大家一起分享。

故事的主人公，从小到大学习成绩都很优异。读完高中后顺利考上理想中的大学，大学毕业后又很快找到自己喜欢的工作，后来遇见自己一生的真爱，组建了幸福的家庭。

很多人非常羡慕他，觉得他运气很好！其实，只有他自己知道，他的幸福不是因为运气，而是从小到大父母给的爱，给了他一种获得幸福的能力。

他的父亲是一名木匠,每天就是拿着工具把木头做成各种各样的家具,木头在父亲手里被赋予了新的生命。从他有记忆开始,父亲就像神一样存在于他的心里。他总是想,长大了也要成为像父亲一样的人,父亲是他的偶像。

有一次,父亲从遥远的地方进了一批非常名贵的木材,准备用这批木材打造昂贵的家具。父亲跟他强调过,这批木材做出来的家具将比以往的更漂亮,更高档,是极少见的好材料。

某天,他趁着父亲外出,按照父亲平时做家具的样子,把那批名贵的木材锯成了很多小块。发生这样的事情,在一般家庭肯定换来一顿拳打脚踢。没想到,父亲回到家,看到这个情景,连大声骂他都没有。只是跟他说:"每块木材都有它们的价值,这除了取决于它们的材质,还取决于它们的大小。这些小木块失去了做家具的价值,但是,肯定可以做成其他东西来体现它们的价值。"然后,心平气和地跟他商量怎么处理被锯下来的小木块。

两天之后,他们决定把这些小木块做成一双双大大小小的木屐。家里每人一双,多出来的木屐送给了亲朋好友。大家收到木屐的时候充满喜悦和感激。回到家,父亲跟他说:"传递爱,这批木材已经体现出了它们最大的价值。"那一年,他7岁。

还有一次,他们搬进了新房子,他很兴奋,因为他看见了巨大的画板——雪白的墙壁。

他拿起彩笔,画小狗,画小花,画太阳……把墙壁画得色彩斑斓,看着自己的杰作非常自豪。很高兴地叫父母过来看。父母看着眼前的花花世界没有责备他,反而开心地加入他的"创作",跟他一起完成更多"作品"。

后来，每次家里来了客人，他都要跟客人介绍一下自己和父母共同的"作品"。

这两件事影响着他的一生。因为从小父母就用爱一次次地教会他，无论发生什么事，都可以用爱去改变和创造。所以，长大以后，带着这种能力，他创造了属于自己的人生幸福！

这个故事也给了我很多启发，懂爱的人，运气都不会太差。

在我们机构学习的小朋友，有来自青岛市嘉汇三中初中部的同学，王景粲，也是一个因为爱而发愤图强的孩子。

王景粲很懂事，学习成绩也很棒。听说她在班上事事以身作则，率先垂范，勤奋刻苦，生活中也经常帮助别人，乐观向上，是个品行兼优的孩子。因为一直感受着父母深深的爱，不忍心辜负父母，想达成父母的期望，所以自己要求参加培训，开发右脑，提升记忆力，争取更大的进步。

看她每次那么认真努力地完成老师布置的作业，跟父母之间也其乐融融，我夸她懂事好学，是个好孩子。她说："爸妈那么爱我，我不忍心让他们失望，而且每次学习有进步，学到新知识，都让我很高兴。用优异的成绩回报父母，是我对他们的爱，也是我对自己的交代。"

最近几年，亲子综艺节目很火，明星本身就自带光环，他们的教育方式更是万众瞩目。我自己很少看，但是还是经常会听到身边的人在讨论。

有一次，我朋友跟我说到过分宠爱孩子这个问题，我问她怎么看。她说，之前我也是挺担心，也质疑过，但是最近我看到一档综艺节目，就改观了。

我很好奇。她说，演员WZ，曾经带女儿参加一档亲子节目。拍的节目是日常生活。节目里，他把女儿当公主养，真的就是生活中的小公主。要知道，电视面对的是成千上万的观众，他对孩子的宠爱超过生活中的大部分人，所以当时引来很多的吐槽，很多人质疑他的教育方式，会把孩子宠坏，当时孩子3岁半。

后来呢？孩子变得怎么样？

那是3年前的事了，最近他们又参加类似的亲子综艺节目。孩子依然被爸爸当公主一样疼爱。只是她看上去像公主一样大气美丽，却一点都不娇气，而且很爱帮助别人，又乐于分享，善良又体贴。

这让很多观众大跌眼镜。因为孩子小，无法像成人演员一样背台词、演戏，所以他们的一举一动都是单纯而率真的。现在，孩子的优秀超越了很多人。所以，把孩子当公主、王子一样宠爱好不好，又成为新一轮讨论的话题。

我说，给孩子再多的爱都不会多，因为孩子本来就需要爱去滋养。给越多的爱，情感越丰富。情感丰富的孩子，更懂得表达和体贴别人。所以，给孩子充分的爱，绝对是百利而无一害的。

曾经也有人问我，那万一太过爱孩子，让孩子变得无法无天、嚣张跋扈怎么办？

我想解释一下，爱孩子并不等同于一味地宠爱。我所强调的"充分的爱"，是教他学会爱他人，学会分享爱，有自己的理想，有人生的追求。所以，"充分的爱"指的是那些在精神上有着积极正面影响的能量。

3

让孩子自己说

孩子刚出生的时候,因为不懂表达,所有人对他的提问,都由父母代为回答,哪怕答的不是孩子的心里话,别人也把那当成孩子的心声。慢慢养成习惯,就算孩子已经知道表达自己的想法,父母还是习惯代孩子回答一切问题。父母的回答就是孩子的答案吗?没有人会去了解,因为大家已经习惯了。

那么,孩子什么时候可以自己回答别人的问题呢?父母不在身边的时候,也就渐渐养成了。父母在身边的时候,孩子不爱跟别人说话。这时候,父母又会跟别人说,这孩子内向。本来是父母的问题,又变成了孩子的问题。

梁先生第一次来找我的时候,他13岁的儿子小梁也一起过来了,是个不爱说话,面无表情的孩子。在我和梁先生交谈的半个小时里,他没有说半句话,就一直陪同着。

因为他们想要报的是兴趣班，要有激情的，能带动人情绪的。我问小梁："小梁，你喜欢什么呢？有没有什么想法可以告诉我？"

小梁还没回答，梁先生就抢着说："这孩子太内向了，所以我才会让他来参加你们这样的机构培训，就是想看看能不能挖掘出孩子的兴趣，让他性格活泼些。"

我发现小梁仍然面无表情，仿佛我们说的不关他事。我跟梁先生说："没事，让小梁自己回答就好。"

梁先生说："他不爱说话，性格特别内向。由我来回答比较快，您还有什么问题就问吧。"

我摇头告诉他："梁先生，如果你继续替小梁回答别人问他的问题，那他内向的问题可能永远也无法改善。因为你都不给他机会说，他怎么表达他的想法？怎么证明他不内向？"

梁先生辩解道："不是的，他一直都不喜欢回答别人的问题，有时候别人问了半天他就回答几个字，还回答不到重点上。"

我还是坚持要小梁自己回答我的问题，梁先生很无奈，但还是把凳子挪开，让小梁跟我面对面。

"小梁，还是刚才的问题，你喜欢什么？关于培训的事，你有什么想法？"

小梁沉默了好一会儿，梁先生一着急又在边上说："你这孩子，老师问你话，你怎么不回答。"

我正想开口让他别着急，小梁忽然变得不耐烦，说："每次你都替我回答，那这次也让你来回答就好，还需要我说什么呢？你直接报名让我过来就好，带我过来不觉得多此一举吗？"

梁先生没想到小梁会说这样的话，一瞬间很气恼，冲着小梁喊："你这孩子，如果不是每次你都不回答别人的问题，我和你妈能这么替你操心吗？"

小梁也大声说："每次别人问的问题，我正在想要怎么回答，你们就替我回答了，可是每次都是按照你们的理解去回答，根本不是我想说的。既然这样，又何必我再开口呢？你们说个够就好了。"

梁先生很生气，我赶紧协调："你们都静下来慢慢说，不怕解决不了问题，就怕没有找到问题。既然你们已经把话说开，那就好办了。首先是梁先生，小梁说的不无道理，你们什么都替孩子说，其实阻止了孩子的成长。而且，你们也不一定知道孩子想说的是什么，万一回答错误，小梁又不能跟对方说其实不是这样的，往往就只能压抑着不说话了。久而久之，性格自然沉默内敛，也就变成了你们说的内向。"

梁先生听了我的话，大概也觉得自己有不对的地方，转过脸不看小梁，沉默了。

小梁说："小时候，每次有人问我考试成绩怎么样，你们就替我回答，说我考得不好，然后直接说我考了多少分，其实我不想别人知道我的分数，我只想说考得一般。"

梁先生听了又生气了，说："我们有回答错了吗？考了多少就是多少，还不让说。"

小梁说："既然别人是问我，要怎么说就是我的问题。"

我认同小梁的说法："是的，梁先生，既然别人问了小梁，自然是想要得到小梁的答案，你们代为回答其实也是不尊重问问题的人，也不尊重小梁。将心比心，假如我问你月收入多少，你或许不想直接告诉我，所以犹豫了，但是小梁代为回答，把你的收入详细告诉我，你觉得你会是什么感觉？"

梁先生听了我的话，有点意识到自己的错误，望了小梁一眼，说："老师，您说得有道理，确实我们过去很多地方做得不好，没给孩子自己表达的机会。关于培训的事，您问问小梁吧，看他怎么说。"

最后，跟小梁沟通之后，他决定参加我们的右脑开发培训。

带他去参观课室的时候，他小声告诉我，没有父母在身边，其实他可以很好地跟别人交流的。我告诉他，父母总认为你长不大，所以才会想替你回答问题，怕你被别人的问题难倒。他低下头，不说话。或许，他也明白这个道理，只是他希望父母可以放手，让他自己面对人生路上遇到的所有问题。

这样的问题在我们身边时常出现，我们去亲戚朋友家，问孩子问题时，可大多数回答问题的还是父母。

有一次我去一个朋友家，带了些糖果过去。我把糖果皮撕掉，拿给他4岁的女儿吃。我笑着问她好不好吃，孩子还没回答，爸爸就说好吃。结果孩子吐出糖果，皱着眉头说，不好吃。我哈哈大笑，朋友则显得有点尴尬。我说，所以，替孩子回答问题并不是明智的事情。

虽然这样的教育问题确实让人心急，但是这个问题也只是个小问题。尽管如此，因为教育之路任重道远，父母还是需要一边学习一边改进，不要让小问题酿成大问题。

从婴儿到成人，总需要一个过程，这个过程也是父母渐渐放手的过程。把蜕变交给孩子自己，让他们慢慢说。

4 倾听孩子的心声

孩子喜欢说话吗？喜欢。但是，每个家庭，都是父母在不停地说。因为父母要叫孩子收拾玩具，要叫孩子写作业，要叫孩子停止玩耍等等。父母一直在说，但是很少停下来倾听孩子说。

很多时候，孩子并不是不讲道理。相反，孩子是最讲道理的，只是我们大人不喜欢跟孩子讲道理，没有倾听孩子想说的话。比如孩子做错事，父母第一时间就是责怪孩子，从来不问孩子原因。其实，孩子每个行为都是有理由的，不管这个行为是好的还是不好的。父母要弄清楚原因，对正确的事表扬，对错误的事纠正。

很多父母抱怨过，孩子到了青春期，就不喜欢跟父母沟通了。这是因为孩子小时候，父母没有倾听过孩子说话，总是觉得自己的孩子自己了解，没什么需要特别去询问孩子的。孩子长大后，不再像小时候一样主动去跟父母说话，父母也没机会打断他们的话，此时的父母才患得患失，想要知道孩子的需求，想知道孩子心里在想什么。

凡事总有因果，而父母总是喜欢把所有的问题都怪罪孩子，从未检讨过自己的过失。如果孩子小时候，父母能学会倾听，那不管时间过了多久，你都可以知道你的孩子在想什么。因为他知道你想听，所以他乐意分享。

林先生是一名幼儿园园长，太太是幼师。或许是因为职业的原因，他们对孩子的教育很上心，也很有经验。有空的时候，我们会一起讨论关于孩子、关于教育的话题。

林先生的孩子在读高中，但是没有其他家庭曾经遇到过的孩子叛逆、不尊重长辈、撒谎等等问题。我跟他请教过家庭教育的心得，他说："其实也没什么，只是给孩子说话的机会，让他跟我们公平交流。"

孩子犯错的时候，不要急于责备或追究责任，要耐心听孩子解释，理解孩子不是明知错误还为之。因为孩子的逻辑思维跟大人不一样，他们做事是站在自己的角度去思考的。

有一次，孩子拿热汤去浇花，心急的大人看到之后会对孩子一顿痛骂，责备孩子浪费粮食，践踏生命。

但林先生没有，而是温柔地问孩子，爸爸相信你这样做是有原因的，能告诉爸爸吗？

孩子一脸童真地说，妈妈说喝汤对身体好，会长高，所以我想跟花儿分享，让花儿也快点长高。

林先生跟我说，其实孩子的出发点是对的，只是知识方面认知出现错误。相信孩子的本质是善良的，问清原因之后，对孩子的思想给予赞赏，再告诉孩子他行为上的错误，教他一些关于养花、浇水方面的知识。这样既保留了孩子分享爱的能力，又让孩子学到了知识。

因为父母懂得倾听，孩子也愿意诉说。假如父母遇事不分青红皂白就是打骂，可能孩子除了哭泣再也说不出话。

有一次，林先生的朋友带小孩去他家玩，两个小朋友很高兴玩到一块儿，但没过多久就打起来，扭在一起哭。

林太太赶紧过去把孩子拉开，然后问："怎么回事？"

朋友的儿子说："他不给我玩小火车，我去拿还推开我的手，呜呜呜……他打我。"

林太太没有责备自己的儿子，而是温柔地问他："宝贝，你平时很乐意跟小朋友分享你的玩具的，你也很喜欢哥哥的，是不是宝贝自己想要玩火车，所以不能给哥哥玩呢？"

儿子摇摇头，说："不是。"

朋友的儿子还在哭，说："是的，就是不给我玩。"

林太太没有因为顾忌朋友的面子而责备儿子，而是继续温柔地问："那是为什么呀？"

儿子把火车拿给林太太看，说："妈妈，这里坏了，会割破手流血的，不能给哥哥玩。"

原来如此。儿子是因为怕哥哥受伤，所以不让哥哥玩火车。

林太太摸摸儿子的头，说："是哦，宝贝真细心，发现火车坏了。可是，你要跟哥哥说，不能推哥哥，知道吗？因为你没跟哥哥说清楚，哥哥不知道。而且你推哥哥，有可能会把哥哥推倒受伤的。"

儿子点头，然后重新拿了个汽车给哥哥，说："哥哥对不起，这个汽车给你，很好玩，我们一起玩吧。"

小朋友有点胆怯，在林太太的鼓励下接过小汽车，于是两个小朋友又很愉快地玩在一起了。

朋友看着感叹道:"不愧是教育行业的,教孩子果然有一招。"

林先生说:"其实,这跟从事什么行业没有关系,因为天下的父母都要教育自己的孩子。有没有教育好孩子,跟父母的职业没有关系,而在于你有没有把心思花在孩子身上。很多人认为教育孩子需要很多知识和经验,这个不可否认,但是其实,教育也是很简单一件事。"

朋友问:"怎么样简单?说来听听。"

林先生指了指耳朵,说:"多听孩子说,孩子说得越多,你了解孩子也越多,何乐不为呢?父母总是想着,这是我的孩子,我肯定了解,也没人比我更了解。但是孩子在成长过程中,跟父母相处的时间其实很短,他们会在外面接触很多新事物,父母不知道的事只能靠孩子自己说。而让孩子诉说的习惯,得从父母学会倾听开始。"

林先生的很多教育经验都是这样简单,像他说的,孩子很简单,我们也不需要太复杂。

龙应台说过,父母也是有有效期的,过期后的父母再怎么努力,也弥补不了有效期内错失的东西。所以,如果在孩子小的时候,你没有学会倾听,那以后不管你怎么努力,也无法让孩子跟你诉说他们的心声。

5

对孩子也要一诺千金

童言无忌,也因此,在大人心里,童言无信。大人对小孩说的话,也容易言而无信。有多少父母可以做到对孩子一诺千金?大多数父母的心态是,孩子小,不懂事,不会记得的。而实际情况刚好跟父母想的相反。

父母是孩子唯一的偶像,也是孩子在这个世界最信任的人,孩子对父母的依赖,超过父母的想象。不管父母说什么,孩子都深信不疑,因为对他们而言,如果连父母都不可以相信,那这世间就没有什么是可以相信的了。

《狼来了》的故事,相信所有人都听过。但是能从中吸取教训的,恐怕就寥寥无几了吧。教育孩子的时候,我们可以告诉他《狼来了》的故事,而自己也要谨记这个故事,不做失去信任的人。

孩子很小的时候,父母需要哄孩子。有时候父母为了哄孩子,口无遮拦,信口开河,但是往往说过就忘。而孩子却一直惦记在心里,等着父母实现诺言。次数多了,孩子就失去了对父母的信任感,也对父母的话不存任何期待。

所以很多人会说为什么孩子越大越不听话，其实不是孩子不听话，只是孩子已经懂得了父母说的话不可信，听了也没有用，于是把父母的话当作耳边风。

有一天，一位女士带着她10来岁的儿子来了，这位女士想给孩子报课程，孩子不同意，于是她直接把孩子拉过来。意思很明显，管你要不要，就是给你报。孩子大哭大闹，说："我不要，我就是不要，你报了我也不来。"

女士很不好意思地对我们点头道歉，然后过去拉住孩子，说："你这孩子，怎么这么不听话，我都说了，等你参加完培训，考试及格了，暑假我们带你去北京玩。"

孩子不屑地转过脸，说："我才不相信呢，每次都说带我去玩，从来都没有去过。就只知道打麻将，除了打麻将准时，你什么事守时过？"

女士觉得很没面子，脸都红了。对我们说了声"抱歉"又匆匆带着孩子离开了。

过了几天，这位女士又来了，这次是她自己一个人来的。她说她姓张，那天一起来的是她儿子小伟。

我问她："做好孩子的思想工作了吗？万一报了名孩子不喜欢的话，强迫孩子也不是办法。"

她说："没事，可以的，我知道他很想要去北京，所以他会答应的。"

我想起孩子的话，问她："你们经常失信于孩子吗？如果孩子真的考试及格了，你们真的会带他去北京吗？孩子好像不太相信你说的话。"

她有点难为情，说："其实也没什么，就是有时候说周末带他去动物园，但是又约了朋友打麻将，就没带他去。然后有时候说带他去超市，又因为临时加班没去成。都是些小事，小孩子不懂在随便说而已。至于北京，到时候如果有空就会去的。"

我摇了摇头，说："对孩子而言，事无巨细。你们这种不守诺言的行为已经深深刻在孩子的脑海里。现在，你们许的所有承诺，对他而言就跟风吹过一样，没有任何实质性的意义。我建议你，不管有没有空，假如孩子真的考试及格了，还是要兑现承诺带他去北京的。"

张女士跟我解释道："真的都是些小事，是我这孩子太计较了。之前说带他去游乐场，后来当天有朋友过来我们家，就没时间去了。他就为了这也闹了半天，说我们不讲信用。"

我耐心跟张女士说："虽然都是些很小的事情，但是信任感就是通过生活中这些很细小的东西一点点建立起来的。最基本的培养信任感的方式，就是尽量不要'哄孩子'，尽量不要对孩子承诺做不到的事。向孩子承诺过的事情，最好全部可以做到，如果实在做不到，也要跟孩子说清楚，不要让孩子误解父母的行为是一种欺骗。"

张女士表示很不能理解，在她眼里，孩子每天那么有空，而自己的时间比较难调节，肯定是迁就自己的时间，哪里有迁就孩子时间的。

我跟她强调："现在不是说孩子要你迁就他，而是你自己答应他的事，你没有做到。如果是他给你规定时间，那肯定是他的问题，现在是你自己选定时间，然后毁约。"

张女士还是为自己辩解道："就算我说了没做到那也是有原因的，他怎么可以就不再相信我说的话呢？怎么说我也是他妈妈啊。"

我问张女士："将心比心，假如你朋友约了你几次，然后每次都临时爽约，十次八次以后，她再约你，你还会去吗？"

张女士总算是理解了，叹了口气说："不会去，所以，原来我就是那放羊的小孩。"

解释了这么多,张女士才理解,可是,生活中还有千千万万的父母不理解。

有时候也会听到父母很骄傲地跟孩子说,你看,我说带你出来逛超市的,就带你出来了,没骗你吧。仿佛答应孩子的事做到了对孩子是一种恩赐。说到做到,难道不是做人最基本的要求吗?确实。只是很多父母根本不把孩子当人,而把他们当宠物。自己心情好的时候哄一哄,说些好听话;心情不好的时候,跟孩子说过的话就跟吹过的风一样,无痕无迹。

想要建立良好的亲子关系,信任是不可或缺的纽带。当父母对孩子说一不二,父母在孩子心中也像山一样存在,谁也无法撼动父母的威严。而如果父母长期对孩子说话不算数,那有可能以后孩子也会用同样的方式回报父母。到那时候,父母将后悔莫及,因为他们将听不到孩子真心的语言,也得不到孩子肯定的回复。父母是孩子最好的榜样,检讨你的行为,改变你的说话方式,从遵守诺言开始。

6

你缺席我的童年，我逃离你的晚年

　　如果说孩子的童年离不开什么，那一定是父母的陪伴。童年是孩子人格形成的重要时期，孩子第一次建立自己的人生观、世界观、价值观，都来自于父母。父母给他们一个什么样的世界，他们就会形成什么样的"三观"。假如这个时候父母缺席了，那孩子就没有借鉴的榜样，他们就会以他们所看到的事物去建立世界观。孩子的心智尚未成熟，无法区分对错，很多错的观点形成之后将很难改变，这将影响到他的未来。

　　研究表明，如果孩子有一个快乐的童年，那么即使这个孩子再差，也不会差到哪里去。而大部分长大后误入歧途的人，都有一个非常不快乐的童年。这个不快乐的童年，最大的来源，就是父母无法陪伴在自己的身边，给自己树立一个正确的世界观，于是导致孩子的情感变得非常脆弱，甚至趋向于冷漠。

　　有时候父母会觉得难以接受，不明白自己的孩子养大之后为什么跟自己一点儿都不亲，有什么事也不会跟父母说？其实就是因为父母缺席了孩

子的童年。

周女士找到我的时候满脸愁容,精神萎靡,一点儿也不像我平时接触过的银行工作人员。

她在银行工作,是一名稽查人员。因为工作原因,她经常出差,儿子出生后3个月就断奶了,然后送到爷爷奶奶家,周末才带回自己家。

平时工作忙,周末难得休息,所以尽管周末把孩子接回来,她也是用玩具打发孩子,很少陪孩子一起玩游戏,更不要说陪孩子聊天谈心什么的。

孩子上小学后,每天晚上需要父母辅导作业。不得已,爷爷奶奶每天接孩子放学,然后送回家,由她和先生下班回来辅导孩子做作业。但是一天工作下来,谁也没精力去管孩子的事。虽然每天晚上都检查孩子的作业,但是从来不会认真看孩子的作业。如果孩子因为作业写错了被老师责罚,她和先生第一时间就是责怪孩子不认真,然后相互推卸责任,怪对方没有检查出孩子的错误。

孩子住不住家里,对他们而言并没有太大区别。孩子的存在,有时候就像空气。晚上如果是先生辅导孩子做作业,她当天跟孩子可能就是零交流。一开始孩子还会跟他们聊天,对他们笑,跟他们撒娇之类的,后来因为他们态度敷衍,没有耐心,孩子也不太爱跟他们说话了。

转眼孩子读初中了,他不愿意住在家里,非要住离学校远的爷爷奶奶家里,怎么说都不听劝。前两天老师来电话,说最近两次考试,孩子的成绩都是全班倒数第一,对学习也是心不在焉,一副无所谓的样子,让他们家长要多用点心辅导,别耽误了孩子的学习。她跟先生都很着急,怕孩子成绩不好,以后考不上大学,想替孩子找个培训课程,提升孩子的成绩。

我跟周女士说:"你没想过孩子为什么不跟你们住一起吗?你觉得是孩子的问题吗?如果只是提升孩子的成绩,我觉得治标不治本。再说,你也得让孩子自己愿意学习。否则的话,什么样的培训也帮不了你。"

周女士眉头又皱了皱,说:"我们也知道我们得为这件事负很大责任,这些年工作压力太大,没有意识到教育孩子的重要性。还有,给孩子的关怀太少了。"

我语重心长地跟她说:"人们习惯把被寄放在老家养育的孩子称为'留守儿童',但是,有时候即使父母跟自己的孩子生活在一起,但属于'离线'状态,这时候的孩子,跟'留守儿童'并无两样。你的孩子就是这种状态下成长的孩子,实质性的'留守儿童'。"

周女士问:"是的,我们对孩子的疏忽是不可否认的事实,那该怎样挽救呢?怕就怕孩子现在长大了,心里对我们的怨气估计很难消除。"

我能体谅一些父母因为经济原因把孩子放在老家寄养,为了生存别无他法。但是对于这种有条件却忽视孩子教育的父母,我真的很难去谅解。为了让孩子在更好的家庭环境中成长,我还是给周女士提了一些专业的建议。

"如果孩子执意不肯回家住,只能你和你先生也跟着到爷爷奶奶家里住。听你的意思,爷爷奶奶其实跟你们离得也不算特别远,我想为了孩子,再远也不算远吧。然后,多花点心思陪孩子,让孩子感受到你们的爱,从心里接受你们弥补,再来参加我们的课程会比较好。"

周女士很认同我的话,也表示为了孩子辛苦一点儿没关系。她回家后经常跟我电话联系,跟我说孩子的情况,以及孩子跟他们的关系发展。周女士也真心付出了,孩子跟他们的关系慢慢改善,不再漠视他们的存在了。

过了大概3个月时间,周女士带了她的儿子过来,或许是因为有父母

的陪伴和辅导，其实孩子最后一次考试，成绩已经进步了很多。不过周女士还是希望可以帮孩子提升一下成绩，为之前对孩子学习上的疏忽做补救。

孩子参加课程后，学习了两个月就有很大的进步，在初级班基础的训练过程中就出类拔萃，专注力和记忆力有了大幅度提升。老师特意打电话到家里表扬，说孩子现在表现很好，给很多同学树起了榜样，一些之前成绩差的同学也变得爱学习了。

参加完初级训练，孩子还参加了中级波动速读。因为爱上阅读，每天晚上跟爸爸妈妈一起读书，成了一家人增进感情的温馨时刻。

后来参加高一级训练，孩子自控力、主动性各方面都有了提升。语文和英语更是考到了全班前十名的分数。

周女士很高兴，仍然会跟我电话聊孩子的教育问题。我跟她说："教育不是一朝一夕的事，孩子的未来，还需要你们持之以恒地陪伴与鼓励。我相信你们给予孩子的爱，孩子会感受到的。他将爱转化成学习的动力，以后成绩肯定会越来越好的。"

这样的家庭教育情况并不少见，在城市里更是比比皆是。人们只看到农村的"留守儿童"，殊不知，城市里这些隐藏的"留守儿童"也值得关注。也希望看到此文章的父母，能认真思考自己跟孩子的相处模式，尽量避免让孩子成为城市式"留守儿童"。

经常听到人们说××是个天才，也会听到人们说××是笨蛋，是蠢材。每当听到人们这样说时，我的内心都会涌出一种无力感。一般认为，智商超过140的叫作天才，也有些学者将天才的智商标准划在了160。而蠢材，一般认为是智力障碍（MR），指的是大脑受到器质性的损害或脑发育不完全造成的认识活动障碍、心理活动障碍等等。

事实上，这个世界上，除了极少数的天才和极少数的弱智外，大多数孩子都是中人之资。从智商来说，众人都差不多，没有太大的区别。

那么，是不是所有智商中等的孩子就都应该自甘平庸，碌碌无为过一生呢？自然也并不是。我认为，所有的孩子都能成为自己领域内的"天才"。相反，如果孩子在自己的领域内原本有天赋，却因为未能得到正确指引和教育，可能反而会沦为人们口中的"蠢材"。接下来，我将会介绍让孩子找到自己的潜能，并成为"天才"的方法。

Part 6

天才与蠢材

1 右脑开发

右脑开发的含义其实很简单，我们人类的大脑分为左右两个半球，即左右脑。研究发现，左脑负责语言、文字、数字，也就是用语言来处理信息，把进入脑内看到、听到、触到、嗅到及品尝到(左脑五感)的信息转换成语言来传达。右脑的五感包藏在右脑底部，可称为"本能的五感"，控制着自律神经与宇宙波动共振等，和潜意识有关。右脑是将收到的信息以图像处理，瞬间即可处理完毕，因此能够把大量的信息一并处理（心算、速读等即为右脑处理信息的表现方式）。

早在一百多年前，就已经有科学家提出了左右脑分工的不同。1981年，诺贝尔医学奖得主美国加州理工学院罗杰史培利（Roger Sperry）教授将差异归类整理如下：左脑是意识脑。它负责知性、知识、理解、思考、判断、推理、语言、数字、抑制、归纳、运算、逻辑等等功能。右脑是本能脑、潜意识脑。它负责图像化机能，包括企划力、创造力、想象力；负责与宇宙共振共鸣机能，如第六感、念力、透视力、直觉力、灵

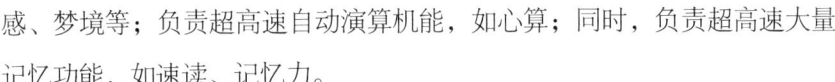

感、梦境等；负责超高速自动演算机能，如心算；同时，负责超高速大量记忆功能，如速读、记忆力。

因此，我们大致可以知道，人类的左右两脑构成了整个大脑的所有部分，它们负责不同的功能，有着不同的特征。然而，科学研究发现，绝大多数人的大多数时候，都只是左脑在工作，也就是说，我们平时只使用了一半的大脑，另一半大脑则被闲置了。

由此可知，假如我们将闲置的右脑加以开发，将会产生什么样的效果。这其中可以挖掘的潜能，远远超乎我们的想象。打个比方，右脑灵活的人，听音可以辨色或者浮现图像、闻到气味等。这在心理学上被称为"共感"，正是属于右脑的潜能。如果将大量需要记忆的信息"录入"右脑，右脑会自动加工处理这些纷繁复杂的信息，并创造性地衍生出许多想象力无限的信息来。

实际上，很多我们认为的世界闻名的"天才"，他们也许并非智商有多高，而是有效地利用了大脑，充分协调左右两脑，合理挖掘右脑的潜能，并加以利用的结果。科学家也证明，右脑处理信息的能力是左脑的十万倍，这个中的潜能可想而知。

我们人类的脑袋，看起来很小，储存信息的容量也非常有限。实际上恰恰相反，人类的脑容量大得超乎我们想象。有科学家认为，人的大脑容量相当于两千万册书籍的内容。

然而，这么大的脑容量却不是时时刻刻都能高效调配出来为人们所用。也就是说，有些人将信息"录入"了，却因为未能科学地开发大脑，那些信息就被搁置了，无法被使用，于是也就成了无用之物。

右脑被称为"潜能脑"，只要加以科学的训练，就会变得越来越灵活，越来越聪明。自从科学家们发现了这一点，世人如同打开了窍门，也因此，右脑开发风暴席卷全球。

右脑开发，指的就是使用各种适合右脑工作的方法来激活右脑，使右脑的巨大潜能得到发挥。这些潜能包括丰富的想象力、无穷的创造力、高速的右脑记忆能力、快速的理解力、正确的直觉能力等。假如这些能力能够被悉数挖掘出来，对孩子将来的工作、生活都有非常重大的积极影响。

那么，该如何开发孩子的右脑？这其中需要科学、系统的训练，持之以恒的引导，需要专业人士的指引，实非易事。我也见过有些家长因为学了点皮毛就运用在自己孩子身上，也不管深浅就把孩子当"试验品"，到头来孩子既荒废了左脑，右脑也没能开发出来，导致孩子成绩下降、遭遇重创。

当然，也不是说家长自己就不能引导孩子开发右脑。在日常生活中，也是有些方法可以使用的。

（1）不阻止孩子创作

有些孩子天生就喜欢涂涂画画，家长因为怕把家里画得乱七八糟没收了他的"作案工具"。试想一下，假如你的孩子真的拥有惊人的天赋呢？会不会因为你心疼房子，他的才华就被埋没了？

所以，如果你的孩子总是天马行空地涂涂画画，请给他买纸笔，让他尽情挥洒才情。我们知道，右脑负责想象力、创造力、灵感等，当孩子在涂画的时候，其实就是一个创作的过程，是右脑正在得到锻炼和开发的过程。如果无端打断了他的创作，也就抑制了他的右脑开发进程。

同理，假如你的孩子特别爱好音乐，整天在家里听歌、唱歌；又或者是特别喜欢表演，在家里经常自己演话剧之类的；抑或是特别喜欢看书、

写文章等；都不要盲目阻止，可以试着引导他，给予他更好的指导，甚至还可以带领他参加比赛、进修等。艺术方面，还有舞蹈、服装等。在其他方面，如记忆力、速读、心算等能力如果有超强表现，请尽快帮助他开发潜能。如果自己确实不懂，交给专业人士，进行系统的、专业的训练与指导，会有意想不到的惊喜效果。

我初见邓云峰时，就注意到他是一个很安静、很懂事的男孩。话不多，也不吵闹，手里拿着一块蛋糕给爸爸吃，虽然沉默寡言，但很关心身边的人。当时我就很喜欢这个男孩。

这个男孩，中途暂停了课程一段时间。由于我是刚接手这个班，也不是很了解情况，于是联系了他的妈妈。这才知道，原来云峰的基础特别差。已经上二年级的他，拼音有很多不认识，拼读也不会，认识的字就更加少了，每次考试基本上都是交白卷。据云峰的妈妈说，云峰每次上课都只是机械地记住学习内容，根本不理解，更别说把这种方法运用到学习上来。

但是，云峰特别喜欢画画，有时候拿着画笔能画一整天。我明白了，云峰可能是右脑方面有比较突出的才能，但没有被开发。但是他对左脑负责的部分不感兴趣，又加上左右脑发展不平衡，导致了现在成绩的不理想。

之后，我和云峰的妈妈商量决定，云峰每周都过来上课。我从最开始的拼音教起，一点点地把知识点补回来，同时也鼓励云峰发展自己的爱好。云峰的接受力比一般的孩子低，很简单的知识点可能要反复教很多遍才能明白和记住。但我们都耐心地坚持了下来，云峰自己也很努力。在我的课程上，云峰体会到了学习的快乐和成就感。

很快，云峰的进步非常明显。他能记住所有的拼音，也能进行简单的拼读。而且，以云峰后来的学习劲头，我相信，在右脑开发的过程中，他会做得越来越好。

（2）无须刻意纠正左撇子

左撇子又称"左利手"，指更习惯用左手的人，"利"指的就是自己惯用的。事实上，左撇子的人数比我们想象的要庞大，这其中又能分为先天型、后天型、病理型和伪左手倾向型等。

在20世纪末时期，有大量的研究认为，左撇子在绘画、书写、阅读、艺术等方面展现了极高的天赋，是不可多得的专才型人才。也有很多人认为，左撇子更聪明，因为很多名人都是左撇子，包括爱因斯坦、比尔·盖茨、达·芬奇等。事实上，这些理论在21世纪就被推翻了。科学家们认为，左右撇子的智商并没有很明显的差别，不能称某一个群体的智商更高。只不过，左撇子群体，在右脑方面更加发达。

如果左右撇子在智商上没有太大的区别，那么是不是应该阻止孩子成为左撇子呢？我认为不需要。左撇子的形成无论是先天性、后天性，抑或是别的暂时没有探究出来的原因，人为地去干涉阻止，都会增加孩子的不安全感、焦虑紧张感，影响他们的自信心建立。

而且，现代科学认为，尽管左右撇子在智商上没有太大的区别，但在一些需要用到右脑潜能的领域，左撇子则可能更有优势。例如，一些体育竞技中，左撇子的人运动反应速度可能会比右撇子更快，因为他们的左右脑同时在使用，相当于双倍能力。

也有些人会说，现代生活基本设施都是为右撇子而创建的，左撇子使用有诸多不便。比如马桶、垃圾桶的摆放，栏杆扶手的设置等。这样的担心不无道理,但是,对孩子的用手习惯进行责骂喝止,容易让孩子出现自卑、说话结巴、注意力不集中等情况,这样就得不偿失了。

因此,如果你的孩子是左撇子,先不要急着纠正他,可以给予他足够的引导,如果确实是先天性、不能扭转的,也不要勉强,更不用过于忧虑。孩子的路是自己走的,左撇子不是什么大问题,也许将来生活不便利,但不会影响什么。如果你真的很在意,非要把孩子引导为右撇子,那也不能粗暴地责骂,要十分耐心温和,并且始终陪同孩子走过这段时间。你可以换个角度想想,你是右撇子,如果让你改为使用左手,你会不会非常痛苦?己所不欲勿施于人,不要将痛苦加在孩子身上。仅仅为了一些微不足道的原因,或者满足自己的"强迫症"而这样做,孩子将会为你的行为"买单",相信这样的结果是每一个父母都不愿意看到的。

(3)左右脑协调发展

有人会提出这样的质疑:我们是不是太过于强调右脑开发,而忽略了左脑的拓展?其实不然。首先,我们的左脑基本上无时无刻都处于训练与使用状态中,我们日常学习和生活中的技能,大多都是左脑促成的。其次,开发右脑并不会影响左脑的发展。相反,开发右脑也能促进左右脑协调发展,达到更加高级的层次。

我们需要清楚的是,与人们固化思维不同的是,开发右脑并不只是能帮助孩子拓展视野、记忆力、想象力等感性思维,而且,还能与左脑达到更好的协调与合作,促使整个大脑的运用更加发达,从而使孩子方方面面都取得更好的成绩。

对于这一点,我在我的学生昕泽身上得到了佐证。

昕泽是一个活泼开朗的女孩，但有些过于好动。最开始给她上课时，我发现她的注意力不集中，喜欢说话，我提醒后她也没有改进。但是同时我也发现，昕泽的思维非常灵活，反应速度很快，反应能力也很强。了解了情况之后，老师们进行了商议，试图让昕泽充分"跑"起来。为了促使昕泽将自己的特长运用起来，我们为她制订了每天晚上要练习的课程表，包括编码、词语、乱码、古诗。昕泽在这方面是有一定优势的，她也学得津津有味，每天都很认真地完成练习任务，还让妈妈给老师发练习的视频。这让我感到非常欣慰。

我始终相信，只要给予孩子足够的关注，充分去了解孩子的特长和优点，我们总能找到适合孩子的学习方法，让孩子摆脱单调无聊的"填鸭式"教育，步入到奇趣无比、获益匪浅的右脑开发过程中来，并在这个过程中收获满满的成长。

六、天才与蠢材

2

如何培养情商高的孩子？

在孩子的智商方面，前面我们已经进行了充分的探讨。然而，我们不能只关注孩子的智力发展，还有一样东西非常重要，影响着孩子将来的人生，那就是情商。

情商通常是相对于智商而言，指情绪商数，主要是指人在情绪、意志、耐受挫折等方面的品质。从简单的层次来下定义，提高情商就是把不能控制情绪的部分变为可以控制情绪，从而增强理解他人及与他人相处的能力。格尔曼认为，情商的构成是：自我意识、控制情绪、自我激励、认知他人情绪和处理相互关系的能力。

那么，如何才能培养出一个情商高的孩子？

（1）帮助孩子辨识自己的情绪

帮助孩子辨识自己的情绪，是很重要的一课，对于父母来说也非常关键。只有让孩子正确认识自己的情绪，他才能掌控自己的情绪，从而提高情商。

如果你的孩子回家向你诉苦：在学校有人欺负我。你的反应会是怎样的？

三位家长给出了不同的答案。

家长A："（勃然大怒）谁欺负我们家孩子，我跟他拼了！走，我们找老师去！"

家长B："（嫌弃）窝囊废，人家欺负你，你不知道打回去啊？跟我说干什么……"

家长C："（温和地）有没有受伤，发生了什么事，可以给爸妈讲讲吗？（待孩子诉说后）爸妈知道你受委屈了，来抱抱……（安抚之后询问孩子的感想）有人欺负你，很生气吧？（引导孩子认识自己的情绪）"

从上述三位家长的反应，我们不难看出，只有家长C做到了帮助孩子辨识自己的情绪。帮助孩子认识自己的情绪状态，可以帮助孩子接下来先处理自己的情绪，让孩子明白，其实情绪在困扰自己的精神状态，要先调试好自己的情绪，之后才去解决别的问题。如果孩子被欺负后，像家长A那样火上添油，可能会让孩子陷入更大的情绪困扰中。而如果像家长B那样冷漠淡然，孩子可能会因此自尊心受损，情绪更加受挫。

（2）教会孩子换位思考的能力

懂得换位思考也是情商高的一种表现。当然，这首先就要求家长自己要学会换位思考。

张女士跟我抱怨，她工作非常辛苦，但回到家中，5岁的女儿非常不懂事，硬是要缠着她，她走到哪儿跟到哪儿，让她不胜其烦。她说："怎么就这么不懂事呢，一点儿都不知道我有多辛苦！"

我问张女士："你小时候是几岁上的幼儿园啊？"

张女士答："我们那会儿哪有什么幼儿园，就是学前班，5岁吧。"

"那你每天上学前班是什么感受啊？"

"没什么，那时候懂啥，就是天天想回家玩，想见爸爸妈妈。下课了等爸妈来接，看不到人就哭。"说到这儿，张女士似乎有所领悟。

我索性把道理往深里讲："没错，女儿不能体谅你的工作辛苦，就像你不能明白女儿有多么思念你，想要和你在一起。其实只要换位思考一下，很快就会有所改善。"

张女士表示感谢，她说自己也想过5岁的女儿每天是怎么度过没有爸爸妈妈的时间的，但觉得幼儿园有小朋友一起玩耍，还有各种各样的游玩设施，不会孤单。但朋友是朋友，又怎能与父母等同呢？正如对于张女士而言，朋友不能取代孩子的地位，对于孩子来说，朋友也不能取代父母的地位啊！爸爸妈妈不在视线范围内一整天，好不容易下班见着了，才觉得心里踏实了，因此才黏着爸妈。这是非常合理的事情啊，并不是孩子不懂体谅父母。

和我谈话后，张女士回到家尽可能陪伴孩子，玩耍、写作业、聊天、讲故事，把手机放下，将所有的精力和时间都放在了陪孩子上，并多次安抚孩子，爸妈只是白天上班，晚上肯定会回来陪她的。如此这般持续了一段时间，孩子果然变得有安全感了。这时候我引导张女士跟孩子谈谈心，5岁的孩子已经能听懂很多事情了，引导孩子设身处地为他人着想，站在别人的角度看问题，培养换位思考的能力。

与孩子进行了交流后,张女士发现了孩子明显的变化。每天下班回到家,孩子就会把凳子搬过来招呼妈妈坐下,给妈妈拿拖鞋,还会给妈妈倒水、捶背,嘴巴也甜甜蜜蜜的:"妈妈你辛苦了,虽然我很想你,但还是让你先休息一下再抱我吧。"张女士向我转述时简直幸福满溢:"那小眼神,心都要化了。"

虽然张女士的女儿才5岁,但已经具备了初步的换位思考能力,能更加体谅别人的难处,也更加懂得安慰别人、尊重别人。我相信,无论她将来成为什么样的人,妈妈教给她的这个品质,都会对她的终身带来积极的影响。

(3)帮助孩子建立自信

情商高的孩子,一般表现为自尊自信、独立自主、尊重他人、礼仪得当,也发自内心欣赏别人。其中,自信就是情商高的一个重要表现。

自信的孩子耐受挫折能力比较强,通俗点说,就是在面对别人的攻击或者外来压力、打击时,能够以积极乐观的心态应对,沉稳地渡过难关。这种品质体现了孩子有很强的抗挫力、抗压力。不仅如此,孩子在人际关系、应急能力方面也会十分突出。

孩子的自信从何而来?首先父母要善于发现孩子的闪光点,并对其进行称赞夸奖。切忌揪住一个缺点就大肆批评,因为这可能会导致负面压力的产生。有些父母会说,孩子各方面都比较平庸,没什么值得夸耀的。那么,请想一想你的孩子在日常生活学习中,难道就没有一点点做得不错的地方吗?比如有礼貌,主动和小朋友打招呼;有爱心,会关注流浪猫狗;认真负责,可能成绩不太好,但作业从来不拖延……不管是哪些方面,都是值得肯定的。肯定孩子优秀的品质，能帮助他们建立自信心，这对他的情商提高大有裨益。

（4）促进孩子人际交往能力的发展

人际交往的能力，也是情商的体现。如果孩子本身性格比较内向、孤僻，可以多安排一些机会，比如生日会、趣味活动等，让孩子跟玩伴们一起玩耍学习，这个过程中不需要刻意强迫孩子跟朋友交流，只需要让他们充分享受，自然而然他们的互动就会增多，感情也会加深。

当然，如果孩子确实十分抗拒参加集体活动，对于融入朋友们的圈子有种恐惧感，那么首先就不能举办像生日会这样的大型活动。可以通过先让孩子跟某一个合适的朋友认识、来往，父母可以牵线搭桥，接下来就让孩子们自己互动。孩子会给你一个意想不到的结果。

在人际交往方面的教育，要切记不能靠讲大道理来达到目的。谁不知道多交朋友，多跟朋友来往有好处？你耳提面命，三令五申，用处却不大。孩子不愿意交朋友，原因有很多，只有发现了原因才能"对症下药"，让孩子找到适合自己的交友方式。

（5）培养孩子积极乐观的心态

心理学研究发现，积极乐观的心态，对于一个人的成长及重要阶段都有着莫大的影响。只要孩子整体上是乐观的，基本上他就不会迷失在人生的路上。以正面思考的能力应对挑战和考验，孩子会越活越精彩。

培养孩子乐观积极的态度，父母要做到言传身教。比如，孩子偶然一次考砸了，父母可以这样安慰："偶然一次考砸不能代表什么，我们来找找问题所在，下次避免出现同样的问题，争取考得更好。"而如果秉持悲观消极的态度教育孩子,父母的台词可能会有天壤之别:"你是怎么回事,怎么这次考得这么差,是不是偷懒了……你这才期中考试,这个成绩,以后期末成绩会更差!"劈头盖脸一顿骂,而且把坏结果都摊在了台面上,让孩子感觉自己之后肯定会考得更差,自然也就没有动力继续努力了。

这是"言传",身教就是指父母以身作则,在平时的生活工作中都秉承积极乐观的心态,这样的处世态度也会影响到孩子,为孩子带来非常关键的宝贵"财富"。

我有个朋友何小姐,她就是那种正能量满满的人。她相信,无论遇到什么样的麻烦和问题,只要自己找到正确的方法就都能彻底解决。她的孩子是我见过最积极的孩子,无论做什么事都是一副信心满满的样子,遇到了难题就想办法去解决,从不抱怨,也不拖延。朋友们都打趣何小姐的女儿是"小小何"。

(6)引导孩子学会管理负面情绪的技巧

学会管理负面情绪,对于家长本身也很重要。有些人常常会抱怨养育孩子压力太大,因此把负面情绪发泄在孩子身上。我们当然清楚养育孩子的困难,但如果因此而将负面情绪倾泻在孩子身上,可能不仅伤害了孩子,还给孩子带去了非常坏的影响,导致孩子也成为了一个负面情绪满格的人。

因此,家长自己首先要学会掌握处理负面情绪的技巧。在遇到烦躁、令人愤怒的事情时,在情绪一触即发的时候,告诫自己等20秒再发作。闭上眼睛,深呼吸,静静地在脑中从1数到20,之后再发泄出来,情绪的"威

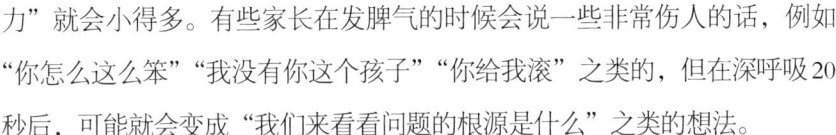

力"就会小得多。有些家长在发脾气的时候会说一些非常伤人的话,例如"你怎么这么笨""我没有你这个孩子""你给我滚"之类的,但在深呼吸20秒后,可能就会变成"我们来看看问题的根源是什么"之类的想法。

心理学研究发现,静坐冥想有助于降低一个人的焦虑感,强化注意力的集中,进一步提升学习效率,同时也化解了许多紧张、烦躁感。家长可以适当引导孩子掌握这些放松技巧,对他们未来提升抗压能力会有很大的帮助。

除了以上的技巧,父母还可以引导孩子发展自己的兴趣爱好,以此帮助他们在感到压力大时有排解出口。例如,父母可以带着孩子一起参加体育锻炼,也可以根据孩子的需求给他们安排画画、唱歌等课程,让孩子们除了课堂内的知识,也能拥有一项属于自己的爱好。体育运动是非常好的解压方式,如果父母能够引导孩子爱上体育锻炼,不但对他的身体健康有很大的好处,也能帮助他们养成良好的习惯,并保持愉悦的心态。

情商高的孩子不但会让人在相处的过程中感觉如沐春风,而且孩子自己的人生也能过得更愉快、更美好。因为他们拥有调试自己情绪的能力,也有正确处理负面信息的能量。这些品质,会让他们在今后面对一切困难与挑战时,都保持乐观积极的状态,而且在遇到挫折和打击时,能够很快地重新站起来,继续往前走。这些品质,对于任何一个孩子来说都是非常宝贵的精神财富。

我们常常说,教育教育,其实很多时候,"教"不如"育"。有时候千言万语的"教",比不上父母自己亲身饯行的"育"。只有让孩子切身感受到我们所"教"的东西,他们才会真正明白和运用在自己的身上。而且,"育"所强调的,不仅仅是教孩子如何提高成绩、生活技能等,还包括关注孩子的心理成长、道德素养、品质等。不管怎样,教育孩子,父母自己首先要学的东西就太多。这就是我所说的,为人父母,也是一场修为的含义所在。

3

正强化与负强化

当我们在谈论如何教育时，不可避免地要谈到具体的操作细节。而在操作过程中，许多时候会出现我们难以掌控的事情。这一节我们将会着重谈谈"强化理论"。

"强化理论"是美国心理学家和行为科学家斯金纳等人提出的一种理论，也叫"操作条件反射理论""行为修正理论"。

斯金纳提出的"强化理论"又可分为两种类型：正强化和负强化。正强化指的是，当人们为了达到某种目的时会采取一定的行为，当这种行为的结果对他有利，这种行为就会在之后重复出现，这个行为的结果，就可以称为正强化。而负强化则指的是，当人们的某种行为的结果对他们不利时，这种行为就减弱或者消失。人们可以用这种正强化或负强化的办法来影响行为的后果，从而修正其行为。

在谈论正强化、负强化时，我们需要注意到强化物的作用是至关重要的。强化物是指"是反应发生概率增加或维持某种反应水平的任何刺激"。当在环境中增加某种刺激时，有机体反应概率增加，这种刺激就是正强化物；当某种刺激在有机体环境中消失时，反应概率增加，这种刺激便是负强化物。

除了对正强化物与负强化物作出区分外，斯金纳还区分了强化的两个来源：一级强化物和二级强化物。一级强化物包括所有在没有任何学习发生的情况下也起强化作用的刺激，如食物和水等满足生理基本需要的东西。二级强化物包括那些在开始时不起强化作用的刺激，如权力、财富等。

（1）正强化

正强化比较容易理解，打个比方，最简单的正强化就是口头称赞。人们发现儿童在完成一件相对较难的任务时，如果大人拍手称赞，儿童就会受到鼓舞和激励，进而经常做这件事。

我们在引导孩子往积极正面方向发展时，较多的是提倡采用正强化。如考试成绩达到多少分，就带他们去游乐场玩，或者奖励他们想要的礼物，或者实现他们的一个心愿，等等。

在使用正强化时，可以采取这样一个原则——"普雷马克原理"，即用高频的活动作为低频活动的强化物，或者说用学生喜爱的活动去强化孩子参与不喜爱的活动。如"你完成这些任务后，就可以去玩玩具"。那么孩子就会在玩玩具的动力驱使下，更加努力地完成手上的任务。如果一个孩子喜爱画画但不喜欢阅读，就可以让他在完成一定的阅读量后再去画画。

（2）负强化

相较于正强化，负强化的理解难度较高，同时我们要十分注意不要将负强化与惩罚混淆。接下来，将会重点谈这一点。

负强化也称阴性强化，就是对于符合组织目标的行为，撤销或减弱原来存在的消极刺激或者条件以使这些行为发生的频率提高。从这个定义我们可以看出，负强化仅仅是撤销原来已经存在的消极刺激，来使孩子的行为得到强化（负强化），而不是通过增加厌恶刺激来达到目的（惩罚）。二者有着根本的区别。

例如，孩子很喜欢看动画片，但因为做作业拖拖拉拉，没能在规定时间内完成，所以父母禁止孩子看动画片，这就是惩罚。但也可以采取负强化来达到目的，那就是如果孩子在规定时间内完成作业，就将禁止看动画片这一项撤销。那么，孩子就会在看动画片的驱使下加快做作业的速度。

但现实生活和教育案例显示，很多人将负强化混同于惩罚，甚至包括一些心理学界、教育界的专业人士，都会混淆这两个概念。

一般情况下，正强化的效果要比负强化好。下面讲一个教育学家陶行知用正强化代替负强化，从而取得了非常好的教育效果的例子。

陶行知在担任一所小学的校长时，看到男生王友用泥块砸班上的同学，当即制止了他，并要他放学后到校长室去。

放学后，王友来到校长室门口准备挨训了，陶行知却掏出一颗糖送给他，并说："这是奖励给你的，因为你按时来到这儿。"王友惊异地接过糖。随后，陶行知又掏出一颗糖放到他的手里说："这块糖也是奖给你的，因为当我不让你再打人时，你立即住手了，这说明你很尊重我。"王友更惊异了。陶行知又从口袋里掏出第三颗糖塞到王友手里说："我已经调查过了，你用泥块砸那些男生，是因为他们欺负女生，这说明你很善良，很正直，有跟坏人做斗争的勇气！"王友感动极了，流着泪后悔地说道："陶……陶校长，你……打我两下吧！我错了，我砸的不是坏人，而是我的同学呀！"

陶行知笑了："你能正确认识错误，我再奖给你一颗糖吧，我看我们的谈话也该结束了吧。"王友怀揣着四颗糖，满怀感激地离开了校长室。

这就是著名的陶行知"四糖故事"，当他发现学生犯了错误后，不是急着惩罚学生，而是充分了解原因，并用正强化代替负强化来教育学生，也取得了很好的效果。当然，陶行知鼓励的不是学生的错误行为，而是赏识学生对错误的认知态度，这时候正强化要比负强化的效果好得多。

但同时我们也要非常注意正强化的使用方式。有些正强化的刺激物，在短时间内会有很好的作用。例如家长承诺孩子考90分以上就带孩子出国旅游，这一次考试孩子可能会很用功，家长也兑现了他们的承诺，但下一次可能因为刺激物没有上一次的强大，学习积极性大大削弱。

兴趣是孩子最好的老师，所以我们在重视正强化的同时，也要从根本上引导孩子真正爱上学习，而不是将学习当成一项枯燥乏味的任务。当孩子在学习中感受到知识的魅力时，即便没有正强化、负强化这些刺激物，也会自觉融入到知识的海洋里。

至于负强化，也要注意使用的方法和频率。一味地使用负强化，容易引起孩子的逆反心理。例如上文中提到的，让孩子在规定时间内完成任务，就撤销原先禁止看动画片的规定，如果使用次数过多，孩子会认为家长是有意先禁止（惩罚）后撤销（负强化），进而产生逆反心理。其实，负强化虽然经常与惩罚相提并论，但二者并不相同，负强化更看重的是惩罚的结果，而不是惩罚本身。

正强化和负强化的目标，都只是为了让孩子更健康、更优秀地成长，所以不管我们使用什么样的方法，都要记住在不要伤害孩子的前提下，正确地引导孩子往积极正面的方向发展，仅此而已。

4

如何"惩罚"孩子

前文中我们提到了正强化、负强化,也稍微提及了一下惩罚。其实,惩罚也是一门学问,是每位父母都要学习的必修课。如果惩罚不当,那么会对孩子造成可能是终身性的消极影响。

(1)永远不要体罚孩子

首先,我们必须明确的是,我们不提倡体罚。严格来说,我们不认为体罚是教育孩子的有效方法。我们惩罚孩子是为了让孩子记住教训,将来做得更好,而不是为了伤害他们的身体和心理。但体罚恰恰会对孩子的身心造成极大的危害,而且体罚带来的后果是适得其反的,孩子不但不会接受父母的教训,而且可能会变得变本加厉。我在此,郑重地跟所有父母说——永远不要体罚孩子。

心理学研究结果发现,当父母试图通过体罚来减少孩子的不良行为时,可能会令事情变得更加糟糕。美国心理学家施特劳斯的研究小组分析了在两年间对全国807名6~9岁儿童的母亲进行调查得到的数据,并比较了在这两年间受体罚和未受体罚的孩子反社会行为的程度差异。研究表明,体罚越频繁,孩子的反社会行为程度越高。

反社会行为包括欺骗、撒谎、吹牛、野蛮、刻薄、做坏事无歉意、故意损坏物品、与老师同学关系恶化等等。这仅仅是针对6~9岁儿童体现的行为,如果是成年人,反社会行为远远比这些可怕得多,包括违法、犯罪、违法社会公德等行为。

也许有人觉得我危言耸听,只是打一下孩子,会有这么严重的后果吗?那么,我们来看一组结果:95%的强奸犯、纵火犯、杀人犯等重刑犯自诉,童年期均遭受过躯体虐待。

因此,我们绝对不能低估体罚对儿童的影响,尤其是暴力型体罚,对孩子的伤害是不可逆、难修复的。也许是因为上一代中国人曾从巨大的战争及伤痛中走过来,因此特别信奉"棍棒之下出孝子"的信条,但这种认知给我们这一代已经带来了非常大的伤害,我们不能让这种伤痛延续至下一代。

(2)用正确的方法"惩罚"孩子

既然不能体罚孩子,那么是不是意味着就不能惩罚孩子呢?并不是,当孩子犯了原则性错误时,该惩罚还是要惩罚,只不过要采用恰当的方式,而且不能用虐待躯体的方法。

第一,劝导。

当发现孩子犯了错误,第一时间放下手头的工作,走到孩子身边,让孩子知道你正在关注他。然后询问孩子这样做的原因,耐心听完孩子的话。之后再耐心告诉他,这样做的坏结果是什么,为什么这样做是不正确的。让孩子明确地知道自己的行为不妥，是惩罚的最关键一步。

第二，罚坐。

与孩子一起挑选一张颜色鲜艳、外观漂亮的椅子，专门用作罚坐。罚坐的地点可以选在固定的角落，不太显眼的地方，还可以给这张罚坐专用的椅子取个名字，如"思考之椅"。罚坐的时间可以用闹钟设置好，例如五分钟、十分钟，时间到了就会提醒。罚坐结束后，让孩子说出今天被处罚的原因，下次如何改正，这样会加深他的印象。

这种方法，不但不会损害孩子的自尊心，还能让孩子在不那么紧张的心态下接受教育，效果非常好，家长可以试试。

第三，罚站。

罚站的方法与罚坐类似，但要比罚坐更严厉一些，适合运用于孩子犯了比罚坐所犯的更大的错误。罚站后也要让孩子自己说出自己错在哪儿，下次该如何改正。

第四，失去某些特殊待遇。

这点也比较好理解，即孩子特别喜欢某件事，当孩子犯了错误后，便可以取消孩子的这项特殊待遇。例如孩子特别喜欢到游乐场玩耍，但是当孩子犯了原则性错误，例如故意摔东西、故意打人、故意乱扔东西等，就可以取消孩子这周去游乐场玩耍的特殊待遇。

第五，帮忙做家务。

这点适合那些乱涂乱画、随意乱扔东西的孩子。为孩子准备抹布、扫把等工具，让孩子学习清理房间，整理自己的玩具。之后可以询问孩子在这个过程中学到了什么，也向他说明自己这样要求的原因。

第六，转移注意力。

当孩子犯了错误后，父母也可以先让孩子转移注意力，离开当时的处境，让他冷静下来，之后再告诉他："我很爱你，但我不允许你这样做。"

这种方法其实算不上真正的"惩罚"，只是一种冷处理方法，给孩子一个缓冲期、思考期，同时家长自己也反思教育过程中所出现的问题。

无论父母使用哪种管教方式，都要遵循相应的原则。接下来，我们谈谈惩罚孩子时要遵循的原则。

实施惩罚时要遵循的原则：

第一，惩罚前先把合理的惩罚后果告知孩子。

我们前面提到过，每次孩子犯错误时，都要告诉他，你这样做的后果是怎样的。同样，在惩罚孩子前，也要让他知道，惩罚的结果是怎样的。例如，当两个孩子争吵打闹要争抢一个玩具时，可以告诉他们，再争抢两个人都不能玩，两个人一起玩或者轮流玩都可以，就是不能争抢。

再比如，两个小孩吵架打架，可以告诉他们，以后再有这种情况就不能再一起玩了。带小孩到游乐场玩耍，可以事先告诉他们如果离开父母太远，私自跑到别的地方玩，不在父母的视线范围内，就必须离开游乐场。

诸如此类，能让孩子知道自己的行为最终会直接影响到自己的"利益"。惩罚能够让孩子明白行为和后果的关系，同时也教会他们什么是责任——一个是不正确的行为会带给他们的后果，另一个就是惩罚带给他们需要承担的责任。

第二,"事不过三"。

任何错误的行为,我们在警告和处罚并行的同时,也要非常注意"事不过三"这个原则。因为错误的行为无休止地进行下去,对大人、小孩的影响都会扩大。有些小朋友会觉得反正只要接受惩罚就能犯过错,而惩罚又通常不那么严重,在他们看来不必当成"大事件"。这种时候,错误的行为就会重复出现。

因此,为了避免这种情况发生,我们需要制订一个"事不过三"的方法,具体来说就是,当孩子出现错误行为,例如打人的时候,不必说教,直接告诉他们:"不能打人这件事爸爸妈妈早就说过,这是第一次。"然后,明确警告孩子重大的后果是什么。当孩子第二次打人时,告诉他:"这是第二次!"并将惩罚的后果再次告诉孩子。当孩子第三次打人时,立马实施预先警告的那个处罚。

这种情况下,处罚的力度要比普通情况下大。并且要言出必行,让孩子知道父母不只是说说而已。

第三,奖罚分明。

我们在对孩子的不良行为进行惩罚时,也要对孩子的良好行为进行奖励。奖惩分明,并且严格实施。对孩子来说,他们能从中分辨出什么样的行为是妥当的,什么样的行为是错误的,这是一种学习社会规则的好方法。

朵朵一直被告知,如果能够快速高效完成作业,就会得到一颗小红花。当小红花积攒到一定数量时,就会得到一次特别优厚的奖励,如带去动物园看朵朵最喜欢的小动物之类的。如果朵朵在做作业时拖三拉四,东张西望,注意力不集中并且到处玩耍,就会被扣除一朵小红花,减少一次去动物园的机会。这样一来，朵朵在做作业的时候就会注意力特别集中，又快又好地完成。

而且，朵朵每次快速高效完成作业后，父母都会给予肯定和鼓励，在口头上进行表扬称赞。当朵朵没有自律、东张西望地完成作业，父母就会给予一定的批评。言语上的区别与奖惩相匹配，让孩子更好地理解自己的行为。

第四，惩罚要与年龄相匹配。

有些家长在惩罚孩子时，没有充分考虑到孩子的年龄因素，造成效果不佳、难以坚持或者对孩子造成心理创伤。例如3~6岁的小朋友可能爱吃糖，爱玩耍，爱看动画片，爱乱涂乱画，6~9岁的小朋友可能爱和朋友聚在一起，爱参加课外活动等等。每个年龄层的小朋友偏爱的东西都不一样，家长在惩罚孩子时要注意这一点。

第五，惩罚要言出必行。

"说到做到"是实施惩罚时非常重要的原则。如果家长未能做到这点，惩罚对孩子来说就只是一场空话，不具备震慑力。而且，这对于家长言出必行的诚信度也有影响。因为孩子知道家长始终会心软，可能就会因此撒泼、玩赖。

第六，惩罚孩子时依然要确保孩子的安全感。

有人担心惩罚孩子是否会让孩子觉得自己不爱他，会产生不安全感？因此我们在惩罚孩子时，也要让孩子知道，自己始终是爱他的，会一直陪伴着他，惩罚他只是因为他的不良行为会对他自己造成严重的后果，并不是因为父母不爱他了。所以在惩罚孩子时,要让孩子在自己看得到他,他也看得到自己的视线范围内活动,让他知道自己并没有被父母遗弃,这是关键的一点。

此外,当惩罚结束,孩子接受了惩罚并承担了后果后,要马上拥抱孩子,给予孩子温暖的怀抱和带着爱意的亲吻,告诉孩子自己依然爱他。这样的言语在惩罚时永远不嫌多。

第七,给惩罚多一点儿时间。

如果采取一种惩罚方式,父母发现成效不佳,或者孩子根本"不吃这一套",那么也不要马上放弃这种方法,可以坚持两个月试试看,实在不行再重新考虑这种惩罚的操作性和效果。如果经常变换处罚方式,孩子会摸不着父母的套路,或者会以为父母已经放弃惩罚自己了,只要自己反抗到底,父母就会认输。最终孩子会变得更加野蛮任性,无礼冲撞。

总而言之,不管采取哪一种惩罚方式,最终的目的都是为了让孩子记住教训,从而做得更好。惩罚不是目的,只是一种手段和方法。在惩罚过程中,要特别注意以上这些要点。

5

怎样让孩子爱上学习？

在培养孩子成长的过程中，学习是必不可少的一个过程。但是，孩子大多数不喜欢学习，大人软硬兼施，各种诱惑，终究不是长久之计，毕竟学习是一辈子的事。那么，怎样让孩子爱上学习呢？首先得让孩子从感觉上爱上学习，只有爱上学习，才会认真对待。

其实，孩子的学习跟我们大人的工作是一样的，大人在什么情况下可以高效严谨地完成工作呢？那就是做自己喜欢的工作时。一个人只有做自己喜欢的工作才可以把工作做得更好，更充满激情。同样的道理，如果孩子爱上学习，那肯定也会事半功倍。

不知道家长们有没有遇见过这样的情况：就是当你喜欢某位老师的课时，你上他的课就特别认真，成绩也特别好？由此可见喜欢很重要，我们先创造孩子喜欢的学习环境，再培养孩子喜欢学习的感觉。

给孩子辅导作业是家庭教育中最常见的一种。有段时间网上传得沸沸扬扬，说每次给孩子辅导作业都要中途休息几次，不然的话怕气不过，把孩子从楼上摔下去。这就说明一种状态，大人不喜欢陪孩子学习。这种情况下，孩子不要说喜欢学习，就连学习的环境他都很排斥。

孩子平时听话的时候，父母笑脸如花，温柔似水。可是一到学习的时候，父母就严阵以待，气氛变得非常紧张。两只眼睛盯着孩子，嘴里叨叨念念，字写歪了，数学算错了，这里不对，那里错了。这个时候，孩子也会感到很郁闷。他会想，平时妈妈都很开心，一到学习的时候，妈妈就不开心，我也不开心。慢慢地，孩子就会把学习和痛苦联系到一起，对学习失去热情，在父母恨铁不成钢的怒骂中抗拒学习，恐惧学习。

刘先生带他的儿子来找我的时候，没有别的要求，只是想要他儿子能通过我们的培训加快学习的速度。把孩子安排好之后，我和刘先生在办公室聊孩子的情况。

"每次写作业都磨磨蹭蹭，不管我怎么骂，就是写不快，前两天把他妈妈气病了，没办法只能把他送来这儿，希望他通过你们的培训，可以改变这种态度。"刘先生说得咬牙切齿，对孩子爱恨交加。

我跟刘先生说："学习本来就是一个慢慢摸索的过程，我们大人觉得很快可以完成，是因为我们懂得，我们熟练。但是对孩子而言，那完全是陌生的，他们就是通过学习才能认得。这个过程需要时间，你不能按照自己的理解去要求孩子。"

刘先生说："不是我们催他，实在是他自己不肯好好学习，每次学习都要找理由走开，一会儿上厕所，一会儿喝水。我们骂得喉咙都哑了，都没敢走开喝水，就想他快点完成作业可以休息。"

"问题就出在'骂'，你是辅导孩子写作业，不是骂孩子写作业。每次只要一到写作业时间，孩子就知道又是挨骂时间。将心比心，如果你每次上班老板都在一旁监督，指出你哪里做得不好，骂你做得不好，你是什么感觉？是否会每次上班都如履薄冰？想要逃避？孩子找理由走开，是为了缓解紧张和压力。你们的不良情绪深深影响孩子学习的正常发挥，动作自然慢下来。"

刘先生听了我的话，不可思议地望着我，说："王老师，照您这么说，好像他的问题还是我们造成的？我们都不知道每天要花多少时间在辅导作业上，两人轮流上阵，就因为我前两天出差了，他妈一个人辅导他，结果才会气出病来。"

"孩子本身作业多已经承受很大压力，你们又给他增加压力，这样下去，孩子会厌学。你们让学习这件事变成一件类似于受刑的事，不要说孩子，这样的学习环境，估计你们都不会喜欢。"

刘先生慢慢冷静下来，思考我说的话，说："王老师，我想了想，可能真的要检讨自己的态度，每次一看到孩子连简单的数学都不会我就气不打一处来。但是像您说的，这些知识对我们大人而言或许很简单，但是对孩子而言都是新接触的，正是因为孩子不懂，所以才需要学习，我们懂，所以才需要我们辅导。"

我很高兴，他及时领悟过来。跟他强调，想要让孩子爱上学习，首先要给孩子创造愉快的学习环境，让学习成为一件快乐的事。一个是事情本身快乐，一个是周边的环境快乐。快乐的事，谁不爱呢？

刘先生点点头，说："是的，我知道该怎么做了，孩子培训期间，就要麻烦你们了。"

我朝他摇头，说："不麻烦，跟孩子一起学习很快乐。"

他理解我的意思，笑了笑，很诚恳地道了"谢谢"，安心把孩子交给了我们。

学习是一个漫长的过程，孩子急的时候我们都要跟他们说，不要急，慢慢来。所以，不管发生什么事，父母一定不能急躁，要给孩子营造一个适合学习的气氛。

关于学习，还有一点要注意，很多父母总是觉得学习是一件很辛苦很痛苦的事，在孩子两三岁的时候，总是说，现在让你好好玩，等你上了幼儿园，就要开始十几年的读书生涯，有你忙的了。无意中向孩子灌输了一种思想：读书是痛苦的，是被束缚的。等孩子读书了，父母又经常跟孩子强调，你要刻苦学习，要埋头学习，小学读得好才能考入好中学，中学考得好才能读到好大学。这样会让孩子觉得读书是一种任务，是为下一阶段的学习做努力，没有任何的自由和快乐。

我读过龙应台的一段话，觉得或许父母也可以换种方式跟孩子沟通：

孩子，我要求你读书用功，不是因为我要你跟别人比成绩，而是因为，我希望你将来会拥有选择的权利，选择有意义、有时间的工作，而不是被迫谋生。当你的工作在你的心中有意义，你就会有成就感。当你的工作给你时间，不剥夺你的生活，你就有尊严。成就感和尊严，给你快乐。

是的，读书是孩子自己的事，告诉孩子，你现在学到的东西，是你将来生活的本钱。父母可以给你提议，可以鼓励你，但是总有一天，你得独自面对生活，这时候，你学到的知识，将给你选择的权利。

让孩子快乐学习，爱上学习，心甘情愿地学习。

6

去标签化，孩子受用一生

给孩子贴标签，是很多父母都会犯的通病。还好，随着时代的进步，教育越来越科学，有些父母深刻了解到给孩子贴标签，会让孩子朝着"标签"的方向去发展。

孩子还在娘胎的时候，大人就根据胎动来定义自己的孩子是好动还是文静。逢人便说，我家这个整天踢，是个好动的孩子。我家的胎动比较少，孩子以后应该是文静的性格。甚至还有人根据胎动的频率来判断是男孩还是女孩，理所当然认为男孩动，女孩静。而随着孩子的成长，标签化更是可能跟随孩子的一生。如果父母可以做到不给孩子贴标签，那孩子将受用一生。因为很多孩子就是被贴了"坏标签"，才慢慢变"坏"。

有一次我在公园散步，遇见一位年轻妈妈在训斥一个差不多2岁的小女孩。小女孩在哭，妈妈凶巴巴地骂："哭什么哭，整天就知道哭！"

我看小女孩哭得喘不过气来，蹲下去哄她："宝宝乖，不哭，跟阿姨聊天好不好?"

她妈妈一脸嫌弃地说:"别理她,笨死了,话都不会说,她哥哥这么大的时候会说话了。"

小女孩哭得快要背过气去,一直咳嗽,可怜兮兮地望着妈妈,看妈妈不理她,又伸手去扯妈妈的衣角。我看不过去,跟妈妈说:"每个孩子的语言发育有个体差异,平时的时候,家里人要多跟孩子说话,语速慢,多重复,这样慢慢引导,孩子接受得比较快,也更容易学会表达。"

妈妈很不耐烦地说:"我那大儿子也是一样养,1岁半的时候就什么话都会说了,她这就是笨,什么都不会。"

我看不惯妈妈的态度,说:"不要随便给孩子贴标签,没有天生的笨孩子,只有不懂引导孩子成长的妈妈。"

她瞪了我一眼,就把孩子抱走了。

生活中这样的事很常见,小女孩哭泣的样子真的让人揪心,希望父母们多学习如何引导自己的孩子。

当父母说的话孩子不执行的时候,父母会说,我这孩子很叛逆,经常不听我的话。当孩子打人的时候,父母会说,我这孩子就是凶恶,喜欢打人。当孩子文静的时候,父母会说,我这孩子就是内向,不爱说话。当孩子考试的成绩父母不满意的时候,就会跟别人说,我这孩子不是读书的料。当孩子第一次拿起画笔,画的东西父母看不懂的时候,父母会说,我这孩子没有画画的天分,不适合画画……很多类似的事,无时无刻不出现,我看过很多,但是每次都只能心疼孩子的遭遇,可怜他遇到不合格的父母。

孩子小,无法分辨大人说的话是出自什么原因,客观还是主观,是有什么依据得出的结论还是一时意气说的话。他们依赖父母，受父母的思想影响，父母给定义的时候，也深信不疑，觉得自己就是父母说的人。于是出现了，你们都说我不行，我肯定不行。你们都说我是这样的人，我肯定就是这样的人。你们觉得我会做这样的事，那我就得做这样的事，不然就不是我。在别人的评价和暗示中成长，终于长成别人定义的人，这就是"标签化的人生"。

同事罗峰跟我说，他刚开始接触教育的时候，还是个什么都不懂的年轻爸爸。有一次带两个孩子到单位，他介绍的时候说，我大女儿腼腆文静，不爱说话，这小儿子活泼好动，整天叽叽喳喳。领导跟他说，不能给孩子贴标签，你这样说你的女儿，哪怕她什么时候想说话，也会选择沉默，因为她爸爸说了，她是个不爱说话又腼腆的人。而你的儿子，就真的会静不下来，因为他认为只有整天叽叽喳喳才是他的性格。罗峰及时修正错误，不再给孩子定义，慢慢地，他发现女儿也很活泼，甚至有时候比儿子还要活跃。而儿子，也能静下来专注玩游戏或看书，不再像之前一样整天停不下来。

给孩子"贴标签"，小到影响孩子的性格，大到影响孩子的一生！在从事教育的过程中，我看到很多孩子，都是过着"标签化的一生"。例如前面说到的，为什么有的孩子调皮捣蛋，叛逆？是因为有的父母整天说自己的孩子不听话，调皮捣蛋，孩子觉得调皮捣蛋、叛逆才像他，慢慢地就养成调皮捣蛋的性格了。一旦养成这样的性格，想要改过来就很难了

很久以前听过一个故事，那时候没什么感触，现在回想起来，深深为故事中的孩子感到悲哀。

村里有一个孩子王,叫阿青,他经常领着其他孩子在村里活动,小时候是做游戏,长大了是号召伙伴们一起聚集活动。一群小伙子在一起总是吵吵闹闹,邻居难免投诉,阿青的父母骂他一顿,过几天他们又是聚集在一起热热闹闹喝酒唱歌。久而久之,村里人对他们这帮人的印象越来越差,特别是带头的阿青,更是被列为头号坏青年。

有一天,村里有一户人家的菜园被人为破坏,大家都不知道是谁做的,议论纷纷的。有人提出疑问,说会不会是阿青他们那帮年轻人?于是一传十,十传百,大家仿佛已经确认了是阿青带头做的事。阿青的父母听到风声,回家打了阿青一顿,说他整天就做一些丢脸的事。事实上,这件事并不是阿青他们所为,但是父母不相信他,觉得他就是一个坏孩子。这让他很受伤,想着反正你们都这样认为是我做的,我不做的话岂不是太冤枉?于是,天黑之后,阿青带人摧毁了其他几户人家的菜园,因为损失太大,村民报了警,最后查清楚了是阿青他们所为,都被带回看守所了……

因为被贴了"坏孩子"的标签,村里发生的坏事就指向他们。父母在别人的暗示中,也觉得自己的孩子是坏孩子。孩子经过大家的暗示和定义,慢慢变成真正的坏孩子。

有人会说,那是不是给孩子贴一些好的标签,就可以让孩子变成好孩子呢?例如,说孩子学习成绩好,一定能考第一。说孩子是上清华北大的料,孩子一定就可以考上名校。说孩子一定可以赢得某项比赛,于是孩子最后夺得冠军。不可否认,好的标签比坏的标签伤害小,但是,我建议最好的方式是不贴标签。

常常因为大人想给孩子动力,而给孩子造成无法承受的压力。过分给孩子戴高帽,只会让孩子感到压抑,喘不过气。也会让孩子为了迎合你,丧失自我的追求。

可以鼓励，但是不可以定义。从今天开始，拒绝给孩子贴标签。慢慢地你会发现，去标签化，孩子受用一生。

我想提一个标签化的极端现象。农村"留守儿童"越来越多的现象，近年来正在受到社会的关注。据我调查发现，很多孩子在农村受到的不只是冷漠对待，也不只是长期处于与父母隔离开来的孤独之中，还有一种标签化的伤害，对他们而言是不能承受的生命之重。

父母外出打工，被留在乡下的孩童会被村里其他人嘲笑为"野种"，这对孩子的伤害尤其大。而一般这些孩子都会由爷爷奶奶或者外公外婆带大，一些长辈可能会给孩子贴上不恰当的标签。我见过最恶毒的标签，是一对长辈对自己的孙女贴的，孙女出生后没多久，爸爸就意外身亡了，爷爷奶奶称孙女为"扫把星""克死爸爸的孽种"……还有，"留守儿童"被性侵后，村里的人会用异样的眼光看待她们，称她们为"贱人""骚货"……这种已经不只是贴标签的行为了，根本就是人身攻击。但这种行为在"留守儿童"现象里屡见不鲜。各位家长，如果你的孩子是"留守儿童"，一定要把孩子接到身边抚养。

Part 7

孩子也是家庭组成部分

1
不要拒绝孩子的帮忙

当我提出疑问，人忙忙碌碌地工作是为了什么？相信很多人都可以大声回答："为了找存在感，为了体现自己的价值。"是的，每个人都希望自己的存在是有意义的，是有价值的，是被需要的。这种追求价值的心态，从我们还是孩子的时候就产生了。

不知道你有没有注意到，你在做事的时候，孩子总喜欢在边上"碍手碍脚"，什么事都要参与。这时候大部分父母会说："哎呀，你还小，别捣乱了，走开走开。"

其实，孩子什么都想参与，一个原因是觉得自己也会，能做得了。另一个原因是为了寻找存在感。

有一次在中秋节前去爬山，在中途休息吃东西的时候，有一位老太太拿了月饼准备切，她四五岁的小外孙伸手抢她的塑料切刀，说："姥姥，我来我来，我会切。"

老太太赶紧把刀换到另一只手,高高举起,嚷道:"哎呀,宝贝,你就别添乱了,你切不了的,等你长大了再给你切。"

小女孩跳到姥姥身上继续抢刀子,不肯放弃:"姥姥,我切,我就是要切,我切给你们吃嘛,姥姥。"

我看小家伙就快把老太太压倒了,她爸妈终于在边上开口:"婷婷,下来,你还小切不了的,别踩痛姥姥了。"

小女孩被爸爸抱下来,嘟着小嘴,很不情愿。

我问他们:"怎么不给孩子试试呢,说不定她真的可以做到。"

姥姥猛摇头:"怎么行,等长大了自然就会了,现在不需要学。"

我告诉她:"这刀子是塑料的,很安全,而且,孩子不是为了学习切月饼,而是觉得自己可以切得了,她不过想证明给你们看而已。"

他们笑了笑,不再说话。我想,他们可能觉得我想得太复杂了,只要拒绝孩子就可以,哪里需要去思考为什么呢。

在确保安全的情况下,让孩子去做,让孩子知道他们到底能不能做到,假如真的可以做到,那下次在面对同样的事情时,他们就可以淡定从容了,因为他们有自信,知道自己可以做到。如果总是想着孩子还小,这也不行那也不行,孩子在否定中成长,也会质疑自己,到底我能做什么?多给孩子"帮忙"的机会,让孩子证明自己,有助于孩子增强信心,对他未来的身心发展是有帮助的。

生活中,哪些事情可以让孩子帮忙呢?例如,吃饭的时候,让孩子帮忙摆凳子。吃完饭,让孩子帮忙收拾碗筷。洗菜的时候,让孩子一起择菜叶。收衣服的时候,让孩子帮忙给衣服拿下衣架。给孩子买小号的扫把,让孩子可以帮忙扫地,等等。

有一位妈妈什么事都不让孩子做，所有东西都准备得妥妥当当，甚至连吃的水果都是削皮，切块，然后再端到孩子面前。

有一次，孩子所在的幼儿园吃西瓜。老师给孩子分西瓜，孩子说，这不是西瓜。老师跟他说，这就是西瓜。孩子还是肯定地说，这不是西瓜。老师问，为什么你会肯定这不是西瓜呢？孩子说，因为我在家也吃过西瓜，我家的西瓜不是这样的。老师很好奇，问，那是什么样的？孩子说，西瓜是一小块一小块红色的，没有这个绿色的皮。班里的同学哄的一声笑起来，老师在瞬间明白了是怎么回事。

这就是父母事事代劳造成的，过分保护孩子，反而让孩子缺乏生活常识。一般情况下吃西瓜，可以让孩子跟妈妈一起洗干净西瓜皮，妈妈切块，然后让孩子帮忙拿给家里其他成员吃，大家跟孩子说一声"谢谢"，孩子会很高兴，找到自己的价值，也让孩子懂得了分享的乐趣。

我记得刚工作的时候，有一次跟同事一起做饭，她说要做苦瓜煎蛋，然后就开始削苦瓜皮。

我吓了一跳，问她："你干吗呢？"

她说："削皮啊，瓜类不是都要去皮的吗？"

我问她："你没见过家里人做饭吗？"

她说："小时候我每次要帮我妈妈做饭，她都把我赶出厨房，我根本就没接触过厨房。"

我跟她说："苦瓜是切块，去除里面的瓜子。"

如果她妈妈知道，当年一味地拒绝帮忙，会让她的孩子长大后变成一

个生活"白痴",在孩子想要进厨房帮忙的时候,她还会拒绝吗?

孩子在成长的过程中,对很多事情都感到好奇。他们模仿大人的动作,看到大人在做某件事的时候,会觉得自己也能做。当你跟他说做不了的时候,他们会奇怪,为什么你可以我却不可以呢?这个时候,父母要视情况而定,如果是安全范围内,对孩子没有伤害,可以让孩子试试,一是满足孩子想要动手的欲望,二是让孩子从实践中学到知识。

我有位亲戚,是位很有教育观念的爸爸,当他在做事而孩子提出要帮忙时,他基本都会满足孩子。在确定安全不会伤害到孩子的情况下,让孩子在一旁辅助,事情做完了,会感谢孩子的帮忙。这时候,孩子会像大人一样,摆摆手回一句"不用客气",对自己的行为感到特别满意,特别骄傲。

当父母做事的时候,孩子围绕在身边,频繁提出要帮忙,这时候就是在找存在感了,父母要正视孩子的需求,而不是以各种理由搪塞。孩子做完事情,会很有成就感,很自豪。这时候父母适时地赞赏几句,给予他肯定,可以激发他做事的热情,对他今后的人生发展有很大的影响。

有时候,我们遇见一些事,不确定自己能否做得到的时候,小时候受过鼓励和肯定的孩子会有信心去尝试,因为他多次证明过自己做得到。而一直被以各种理由拒绝帮忙的孩子,会担心自己做不到,因为他一直被否定,他没有实践经验。所以,不要拒绝孩子的帮忙,多给孩子尝试的机会,让孩子在尝试中找到自己的价值,带来更多的自信。

2

在孩子面前可以吵架吗？

吵架，也就是剧烈争吵。所以吵架时情绪是比较激烈的，说话也口不择言，只想发泄自己当时的情绪，很少人会去顾及到是否伤人。而是否伤人，答案是肯定的。

我们不可避免会跟别人有争吵，其中包括了跟我们的伴侣。那么，父母吵架时，要避开孩子的面吗？这个问题，没有多少父母考虑过。

父母在孩子面前吵架，或许孩子不懂大人在吵什么，但是会随着声音的起伏一惊一乍，内心惊慌恐惧，产生严重的不安。甚至有些父母吵架的时候会拿孩子做出气筒，或打或骂。所以，在父母的争吵声中成长的孩子，没有安全感，性格内向。个别孩子长大后，脾气相当暴戾。不管是哪一种，都不利于孩子的未来。

因此我们可以从中得知，要尽量避免在孩子面前发生剧烈的冲突，不管是语言上的还是肢体上的，在孩子面前都要控制。那么如果关上门，把孩子留在门外，夫妻两人在房间内大战一场，这样的方式是否可取？也

不行，这样反而会让孩子独自面对恐惧，虽然没有亲眼目睹父母的"战争"，但房间内发出的声响，还是会让孩子感受到害怕、孤独、绝望等情绪的侵袭。

因此有些父母会尽量避免在孩子面前起冲突，这一点很好，然而，也并不是所有的事情都不能对孩子坦白。

有一位朋友跟我请教过"家庭战争"这个话题，倒不是他跟他太太经常吵架，相反，他的太太从来不跟他吵架，甚至每次不管跟谁有什么不愉快，太太都会尝试去讨好对方，以此修复关系。

我揶揄道："这样不好吗？家里没有母老虎。"

他摇头，说："不好，我希望她可以跟我说出她的不开心，当我提出不合理要求的时候可以拒绝。跟别人有争执，如果是对方的错就要坚持到底，过分的妥协求和其实就是懦弱。"

我认同他的观点，不过还是跟他说："不吵架是好事，至少孩子不用当炮灰。"

他皱着眉告诉我："她特别害怕吵架，其中最主要的原因也是怕给孩子带来不好的影响。也怕跟别人起争执，别人声音大一点她就惊慌。"

我很惊讶，因为我见过他太太，很豪爽一个人，不像他形容的那么胆小怕事。

他说："我太太小时候就是父母吵架时的出气筒，长期生活在没有硝烟的战场中。自她懂事开始，她就一直在给争吵中的父母打圆场。有时候她的话起了作用，父母利用她找到台阶下，战争就停止了。而有时候，事态的严重性超过她的想象，父母也没有要停下来的意思，她就成了被轰炸的对象。"

我点头表示理解，所以，一切都是有迹可循的，她不想你们吵架给孩子造成伤害，所以一直以妥协的方式来平息战争。又因为从小就在怒吼中成长，她有心理阴影，别人一旦出现不愉快的高声调，她便条件反射般惊慌。

他叹气，说："是的，我也跟她说了，夫妻观点不同是正常的，慢慢磨合就好了。跟别人意见有分歧也是常见的，不用为了迁就对方而委屈自己，对就是对，错就是错。可是她说几十年的性格，不是说改就能改的，只能尽量不要让孩子成为像她一样的人，可以活出自我。"

我为他太太感到心疼，心疼她从小受到的心灵摧残，也心疼她能将心比心，替孩子着想。

朋友说："我一开始脾气也比较大，经常会吼她，她就是沉默，不说话，等我冷静下来了，她就像什么事都没发生过一样跟我说话。渐渐地，我也没有了大声说话的欲望。这本来也是好事，家和万事兴。可是后来我发现孩子性格特别文静内向，甚至有点自卑、压抑。"

我跟他说："因为你太太内心极度不安，孩子能感受到她的悲伤、无助，这些负面信息影响了孩子的成长。要引导你太太慢慢走出过去的阴影，自信乐观，敞开心胸，才能培养出思想乐观、阳光活泼的孩子。"

有多少人可以想象得到逞一时的嘴皮之快，制造的伤害毁三代。

父母在吵架的时候，只是发泄当时的怒气，口不择言，企图提高声音来压制对方。他们忽略了家里有一双充满恐惧的眼睛正看着这一切。父母吵过之后可能第二天又和好了，然后第三天又吵起来。对孩子而言，父母成了定时炸弹，不知道什么时候会爆炸。孩子每天惶恐不安，害怕一不小心父母就变得面目狰狞。孩子在家里说话小心翼翼，不敢表达自己的观点

和想法,害怕一不小心引起家庭战争。总而言之,父母当着孩子的面吵架,对孩子而言,是百害而无一益。

但是,像朋友太太的这种行为,其实也不妥。一方面会让伴侣没有足够的安全感,当她沉默的时候,伴侣无法得知她内心的真实想法,不安感就会加剧。另外,遇到任何事情都逃避,也并非一个好的选择。这会让他们的婚姻充满了悬而未决的难题,逃避了一时,逃避不了一世。问题只要不解决,就会在夫妻二人心中形成一个心结,心结越多,感情越复杂,越难维持。

因此,这就涉及了夫妻关系对孩子的影响。夫妻也不可能任何时候都毫无矛盾和争执的,但只要夫妻二人本着解决矛盾的心意,同心协力,为着解决问题而努力,就没有什么问题能够影响家庭和睦。

回到原来的话题,父母不该在孩子面前吵架,那么有人会提出疑问,如果父母有矛盾和争执,是不是应该一直瞒着孩子,不让孩子知晓?我甚至见过有一对夫妻,感情早已破裂多年,但打着"为了孩子"的旗号,一直在孩子面前装作恩爱和睦。但终有一天,孩子发现了父母的感情早已经千疮百孔,一切都变成了谎言与欺骗,孩子感受到的悲痛与委屈更大,伤害与阴影更深。

因此我们认为,父母之间有矛盾不需要刻意对孩子隐瞒,甚至有时候是可以酌情跟孩子倾诉、商量的。这样既可以让孩子理解父母之间真实的感情,也可以让孩子知道父母也是有血有肉的平凡人,人与人之间有分歧是正常的。只是处理分歧的办法不是通过大声争吵解决问题,而是心平气和地协商讨论。甚至可以让孩子也加入讨论,让孩子知道自己是被父母尊重的个体,也不会让他对父母之间的不愉快产生疑问和焦虑。

我接触过一个学员，很聪明，学习成绩也很好，可是他不懂得怎么跟别人相处，跟班里的其他同学格格不入。

有一次因为学习上的小问题跟同学有争议，他对着同学又吼又骂，同学们被他吓到了，围着他看，他还觉得委屈，拍桌子发脾气。

后来我打电话让他父母过来安抚他，他父母来到之后，问清楚了情况。爸爸说："孩子这臭脾气就是像你，一点儿鸡毛蒜皮的小事就跳起来闹。"妈妈说："还不是你，整天扯着喉咙说话，孩子学到你的大嗓门。"说到最后，夫妻俩在办公室吵起来，几乎要大打出手，我们及时制止了。

看着他们的样子，我觉得源头在他们身上，而不在于孩子。只是可怜那孩子，从小在这么暴戾的家庭环境中成长，不会与人和平相处。或许对他而言，一切处理问题的方式都是从吵架开始。

我跟他们说："在你们的影响下，孩子十分暴躁，容易动怒。现在同学们都跟他保持距离，不太想跟他交流。这只是在我们一个小班级而已，但是他长大以后了要步入社会，跟千千万万的人相处，如果脾气一直这样急躁，不利于他的未来发展。"

孩子的妈妈很自责，瞬间精神萎靡了很多，说："老师，我们也知道自己脾气不好，只是很难改，两个急性子，一对不上话就吵起来。为了孩子的未来，我们会检讨的。"

说完之后，孩子的爸爸气也消了，低头赔不是："老师们，刚才让您们笑话了。我们这性格真的要改，一急起来啥也顾不了，平时在孩子面前也是不管不顾吵个不停，也不知道孩子学到多少。"

我说："是的，孩子看在眼里，认为所有事情都是靠吵架才能解决。我觉得孩子的性格要慢慢修正，可是源头还是在你们身上。你们要和睦相处，遇到问题静下心交流沟通，让孩子跟着一起发表意见，这样孩子以后

在跟其他人相处的时候，遇到问题才能想办法沟通处理，而不是轻易跟别人起冲突。"

送走了他们夫妻，我又单独跟孩子聊聊。他告诉我："他爸妈经常吵架，从他有记忆开始，家里人说话的分贝就高过别人。他从父母的争吵中得出结论，声音大的就赢，因为可以压制住对方的话。"

我跟他说："老师给你讲一个故事吧。从前，有一个男孩脾气很坏，很容易跟别人吵架。他爸爸给他一袋钉子，跟他说每次发脾气就往墙上钉一个钉子。一开始，男孩每天都要往墙上钉十颗八颗钉子，后来他慢慢学会控制自己的脾气，每天钉的钉子也逐渐变少，从十颗八颗变成三两颗。终于有一天，他一个钉子也没钉。他很高兴，把这个消息告诉爸爸。爸爸说，以后一天都没发脾气，就可以拔掉一颗钉子。日子一天天过，墙上的钉子越来越少，最后全部被拔光了。爸爸带他看墙上留下的洞，说，孩子，你吵架时说的话，就像被你拔掉的钉子。虽然钉子不在了，可是留下的伤痕却永远也无法恢复。孩子看着墙上的孔，流下后悔的眼泪。"

我的故事还没讲完，孩子已经泪流满面了。我知道，他心里有很多伤痕，是父母留给他的伤痕。我跟他说："回家以后，分别和爸妈讲这个故事，顺便告诉他们，让家没有伤害，从慢慢说话开始。"

3

不要在孩子面前讲家庭成员的坏话

　　其实，除了前面讲到的，父母不要在孩子面前吵架，还有很多通过长辈嘴巴传递给孩子的坏习惯，也需要长辈们特别注意的。不然我们花费很多心思教育孩子，又在不知不觉中，让孩子学到很多不好的东西，那就得不偿失了。什么坏习惯呢？例如，说家里其他人的坏话。

　　婆媳问题是公认的，最难解决的家庭问题。很多人在同情丈夫的处境问题时，没有考虑过其实受到伤害的还有孩子。或许有人会说，有什么伤害，还不是爸妈爱，爷爷奶奶疼。这是当然，爱是不会少，甚至会增加，彼此都为了表示自己是最爱孩子的人，所以错误性地向孩子灌注自己的爱——溺爱。另一方面，还会跟孩子倾诉很多对方的坏话，例如奶奶对留守在老家的孩子说，你妈妈不爱你，所以把你留在家里。例如妈妈对孩子说，你奶奶说你没有哥哥姐姐听话，不喜欢你。

　　很多夫妻也喜欢跟孩子说彼此的"坏话"。当跟伴侣在某件事上有矛盾的时候，就会跟孩子灌输很多对方的不是，让孩子跟自己站同一战线，

证明自己是对的。为了达成目的,什么话都说,从不去考虑说出去的话会给孩子造成什么影响,孩子会怎么样去思考自己说的话。

有一位朋友就曾为这样的问题夜夜醉酒,郁郁寡欢。他因为工作原因,来到城市打拼,妻子和孩子留在乡下老家,周末他才回家团聚。妻子一个人带两个孩子很辛苦,所以希望他可以回老家工作。可是老家工资低,如果回去的话,经济就成问题。妻子一直埋怨他自私,不照顾家庭,孩子对他也很生疏。

他知道孩子疏远他的问题出在哪里,妻子本身负面情绪超负荷,不自觉地转移一些给孩子,经常跟孩子说"爸爸不要我们了"。因为觉得自己无法陪伴在妻儿身边,很愧疚,所以对于妻子的话也无法反驳。

有一次老师让同学们都画一幅全家福,其他小朋友都很认真在画,只有他儿子一个人发呆,后来交了一张白纸。老师问为什么不画,他儿子说:"我爸爸不在身边,他不要我了,我没有爸爸。"老师意识到事态的严重性,进行家访,刚好当时他在家,听到老师的话,一下子心酸得眼泪直流。老师听了他的话表示理解,但是一旁的妻子还是一副无法释怀的样子。

"周末夫妻"纵然有很多遗憾,但是只要彼此体谅,也会是一个温暖、快乐的家庭。他妻子如果能够跟孩子说,爸爸很爱我们,一个人在外面赚钱养家,爸爸周末回来,我们一起做饭给爸爸吃好不好?那样的话,孩子会是一个感恩、幸福的孩子。因为他有陪伴在身边的妈妈、努力赚钱养家的爸爸。

一念之差,给孩子的世界就是两重天。所以有时候,我们在给孩子灌输观念的时候，还要考虑到孩子接收了我们的信息会产生什么样的情绪，对他的心灵是否有影响。朋友的儿子，很明显的安全感不足，慢慢会对爸爸产生一种怨恨，把妈妈的不开心都归咎给爸爸，所以才会对爸很生疏。

说者无心，听者有意，大人很多时候其实只是抱怨一下，但是孩子就听进心里了。或许小的时候他们无法理解大人的话是什么意思，但是负面的话听多了，长进他心里，等他长大了，也会变成像他妈妈一样的人。在这样环境中成长的孩子，是消极、敏感、不健康的孩子。

我曾经听过一个引人深思的笑话。爷爷特别疼小孙女，小孙女也感受到爷爷浓厚的爱，于是跟爷爷说，爷爷，我长大了一定会好好孝顺您，带您去很多地方玩。爷爷说，乖孙女，到那时候，爷爷已经死了。孙女语气坚定地说，不，我妈说了，您是"老不死"。

孩子小，不能明白"老不死"是什么意思，也无法理解这是一个骂人的字眼，她甚至觉得"老不死"就是多老都不会死，等她长大了，理解了这是个骂人的词，然后心里会纠结，妈妈爱我，爷爷也爱我，可是妈妈骂爷爷，那到底是爷爷不对，还是妈妈不对？

言传身教，父母也从小教导孩子要尊老爱幼，但是自己对家里长辈却态度恶劣，这样难免让孩子质疑父母的话，长大后也无法做到孝敬长辈。

我有一位邻居，对家婆态度恶劣，孩子对奶奶也有一种恨。因为从小她妈妈就告诉她，奶奶动作磨蹭，只吃饭不赚钱，又不讲卫生，活着就是累赘。所以她对奶奶态度也很差，经常骂奶奶，恨奶奶占用家里的资源。

其实老人家很老实，对家里人也很关怀。因为丈夫去世得早，她一个

人拉扯大孩子，好不容易孩子成家立业，她又因为年轻时候太辛苦累出一身病，只能跟儿子一家住一起，方便照顾。面对媳妇和孩子的咒骂，她只是笑了笑，旁人看了都心酸。

我留意到孩子不管在外面还是家里，对长辈的态度都很差。有一次在公园遇见一个相识的阿婆，她妈妈让她跟阿婆打招呼，她哼了一声就把脸转开。她妈妈念叨道："这孩子，跟你说了很多次，要尊敬长辈，老是不听，回头我再教训你。"然后，跟阿婆一脸歉意地赔笑。

这是孩子的问题吗？显然，是她妈妈在言传身教方面出错了。自己对长辈的态度，孩子看在眼里，记在心里。她妈妈忘了，等她老了，动作迟缓了，没有自理能力的时候，孩子会怎样待她。

很多时候人们说的因果，用在教育上最合适不过了。

4

如果父母要离婚……

很多时候，我们都会在孩子面前营造父母相爱的画面和景象。教育专家也多次强调，最好的教育是父母恩爱。是的，父母相爱，家庭氛围自然就充满了爱，孩子沐浴在爱里长大，这对孩子是有非常大的积极影响的。父母相爱，会让孩子认识到婚姻的美好、家庭的温暖，他们整个人的人生态度也会是积极、阳光的。而且，父母相爱，也会让孩子对未来自己的伴侣及婚姻生活充满期待与憧憬，让他们在将来的人际交往、感情生活里也用正面的态度面对。还有，父母相爱的家庭，能有效帮助孩子建立强大的自信心。

但是在此，我不打算长篇赘述父母相爱对孩子的积极作用，我想谈谈假如父母感情真的破裂了，怎么办？需不需要为了孩子而勉强在一起，作出枉顾自己幸福与未来的牺牲？

我们先来看一个案例。

七、孩子也是家庭组成部分

小钊今年16岁，妈妈总是埋怨他不听话，带他来找我，整个过程都在抱怨小钊有多恶劣。言谈中她多次强调："为了给他一个完整的家，我跟他爸一直就没离婚，我们做出了这么大的牺牲，你怎么就是不懂呢？你想跟其他单亲家庭的孩子一样，没父没母吗？"次数多了，小钊面露不耐烦，看起来他的母亲这样抱怨不是一次两次了。

终于，小钊打断了母亲："你们自己不离婚，跟我有什么关系？再说了，你们这样凑合过，三天吵架五天打架，比单亲家庭好到哪里去？我宁愿没父没母，也不要这种家庭！"小钊的一番话把母亲气得吹胡子瞪眼。但其实，他说的是实话。

父母已经没有了爱，感情已经破裂无法挽回，却一直拖着不离婚，美其名"为了给孩子一个完整的家"，但这个家，就真的"完整"吗？父母的心已经不在这个家上，只是表面上还维持了一家三口的样子，实际上早已分崩离析，这与单亲家庭有什么分别？有些单亲家庭的家长因为离婚，对孩子有歉意，反而是尽全力给孩子最多的爱，而这表面上"完整"的家庭，父母都在逃避面对问题，在逃避给予孩子爱，这样的家，对孩子而言意味着什么呢？

而且，父母一直强调，自己是为了孩子才做出追求幸福的牺牲，这样的压力，孩子如何承受得起？自己是阻碍父母幸福的绊脚石，这让孩子心中背负着多大的愧疚感？

再者，父母感情破裂，在家庭生活里难免争吵矛盾过多，当着孩子的面彼此谩骂、诅咒，甚至大打出手，又有谁考虑过孩子的心理阴影？

"为了孩子的幸福"，到头来，究竟为了谁？

孩子也是家庭的组成部分。不要将孩子当作满足自己表演欲的工具，当父母的感情遇到了难题，不要打着孩子的名义去逃避，而要勇敢面对，给孩子做出一个表率。与孩子倾心交谈，阐述自己的内心，剖析自己的想法，孩子也许一时不能理解，但只要你把他当作这个家的一员，慢慢地，他能理解你的良苦用心。

如果父母真的要离婚，请从父母自身的状况出发。如果感情真的走到无法回头的地步，离婚也许并不是一场灾难，而是给彼此一个重新开始的机会。无论如何，都要向孩子保证，不管父母将来是否还在一起，孩子都会是他们永远的爱。让孩子充分明白这一点，父母再来重新选择，同时也要确保对孩子的关爱不会减少，这也许才是"当父母要离婚"的最佳处理方式。

当然，如果父母只是一时吵架赌气，感情基础还存在，为了孩子不着急离婚，而是应该冷静下来仔细想一想，等气急败坏的情绪过去了，再思考离婚的问题。很多时候爱情还在，只是相处的点滴让人分外难受。这种时候，"为了孩子"是应该的。为了孩子三思而后行，而不是成为情绪的奴隶，被冲突冲昏头脑，一时头脑发热作出伤害婚姻、伤害家庭、伤害孩子的行为。

Part 8

孩子如何对待金钱，即如何对待人生

11
为什么要让孩子正确对待金钱

当我向家长们提出要培养孩子正确的金钱观时，很多家长都会觉得诧异，孩子还那么小，教他们认识金钱，这样好吗？其实，早早地让孩子们认识金钱的来之不易和合理分配，对孩子是有很大的好处的。即便现在人们的物质条件已经非常好，家长能给孩子充足的生活保障，但让孩子了解父母赚钱不易，不易轻易挥霍金钱，并且在家长的指导下学会合理支配手中的财产，这对孩子的一生，都有积极影响。

下面是一个正面的例子：

我有位朋友，他们夫妻二人早年在沿海城市打拼，30多年前就已经成了第一批"百万富翁"，到如今实力雄厚，集团越做越大。他们的儿子从小就学算账，学做生意，后来出国留学学金融，虽然最后没有继承父母打拼下来的家族产业，但在自己的领域内也做得风生水起。夫妻二人也不强求儿子做他不想做的事情，看到儿子有专长，有成就也感到很欣慰。后来在一次生日宴会上，儿子吐露心声，谈到从小时候起，父母就刻意教他正确的金钱观，这

对他有很大的影响。有一次,读初中时的他想买一台电脑,足足在父母的餐厅里打了一个月工,才赚够钱买下自己心仪的电脑。这件事让他明白,自己虽然家境不错,但那些财富都属于父母,自己必须靠自己的双手闯天下。

还有一个反面例子:

现在很多大学生在借贷平台发自己的照片借钱,游走在法律监管的灰色地带。这样的现象令人忧心。其实这就是他们从小没有树立正确的金钱观,而埋下了挥霍无度、贪慕虚荣的种子引发的悲剧。

经济条件好的家庭,要教会孩子不骄不躁,脚踏实地,用自己的双手创造未来。经济条件不够好的家庭,更加要教会孩子珍惜来之不易的财富,不要盲目与人攀比,要诚恳做人,诚信待人,这样才能在未来的路上走得越来越好。

金钱固然能让我们的生活更加丰富、更加舒适,但幸福的人生,绝不是拥有了高档物品就能够拥有的,精神上的富足也必不可少。如果孩子从小未能受到正确的引导,他们可能会觉得花父母的钱是天经地义的,从而造成挥霍、浪费,不懂感恩,也不知道回报。如果父母有一天丧失了劳动能力,不再能够为孩子提供无穷无尽的经济支持,孩子可能会反过来怨恨父母。

归根结底,金钱观其实就是人生观的反映,一个缩影,一种体现。因此,让孩子从小树立正确的金钱观,知道父母赚钱的辛劳,珍惜大人们的劳动成果,心怀感恩,在花钱的时候有所节制,有所安排,而不是挥霍无度。让孩子做金钱的主人,更好地掌握金钱所带来的享受。这对于培养孩子良好的品性也有很大的帮助。

如何培养孩子正确的金钱观

（1）越早认识金钱越好

早早地认识金钱，可以从触摸硬币、纸币开始，让孩子学会分辨不同面值的钱币。等孩子稍微大一点儿，为孩子准备存钱罐，教他们将平时收集到的钱币放进存钱罐里。当孩子看到自己的"积蓄"被存进特定的存钱罐里，节约用钱的观念就开始植根于他们的心底。

（2）帮助孩子养成存钱的习惯

除了存钱罐，还可以为孩子开设一个专属的银行账户。当孩子攒了压岁钱、零花钱或者自己赚回来的钱放进自己的银行账户时，他就能真正了解到金钱存放的地方，并且当孩子自己有特别想要的物品时，如学习机、大件玩具之类的，他是有自己支配自己"财产"权利的。当他希望得到这些物品时，父母可以跟他协商，让他用自己的积蓄来购买，而不是让孩子软硬兼施哭喊吵闹求父母买。如果孩子确实非常渴望得到那个物品，他会

忍痛花掉自己的积蓄，那样买回来的物品，也会格外珍惜，而不会玩两天就置之不理。

（3）引导孩子自己设定存钱目标

一开始时，孩子存钱的定力必然不足，也很可能会存到一点儿就会花掉，所以父母可以引导孩子设定存钱目标。比如让孩子写下想要的东西，以及希望什么时候能够买到。这样孩子会在心中有一个明确的目标，存钱就更加有动力，更加坚定。

（4）合理给孩子零用钱

给孩子零用钱一定要注意有度，不可以太多，也不宜太少。太多，会造成孩子对金钱没有概念，花费无度；太少，又会让孩子感觉没有动力存钱。合理给孩子零用钱，还包括给的时候千万不要随心所欲。高兴时多给点，不高兴时少给点，会让孩子产生一种感觉，那就是自己的"财产"多寡取决于大人的心情。父母可以制定一个标准，例如除了每天或每周给一定量的零花钱外，当孩子要参加学校活动、统一购买学习生活用品等的时候，也可以酌情增加一些零用钱。

（5）教会孩子合理分配金钱

孩子有了属于自己的"积蓄"，同时又有了许多想要买的礼物。如此，无论孩子所攒的钱够不够购齐所有想要的物品，家长都需要引导孩子合理分配金钱。例如，孩子既想要一个望远镜，又想要一套汽车玩具，还想要一个学习机。这个时候父母就可以让孩子列出一个表，最想要哪一个，需要花多少钱，之后想要哪一个，需要花多少钱……孩子会从中挑选到自己真正想要的东西。

（6）适当"求助"于孩子

父母需要孩子支援的情况非常少，但父母可以适当向孩子"求助"，例如向孩子诉说自己需要一笔钱购买一件重要的物品，但还差多少钱。这个时候孩子可能会感同身受，并"慷慨解囊"帮助父母。这让孩子有一种参与感，当物品购买回来后，孩子也会有一种归属感、荣誉感。

（7）让孩子自行购物

带孩子去超市购物之前，让孩子列一个清单，写上自己想要买的东西，并拿出自己的积蓄来购买。如果孩子没有积蓄，父母也可以"赞助"固定数目的钱，前提是孩子要利用这有限的钱购买到自己真正需要、真正想要的东西，不可超额。这样一来，孩子就会特别注意挑选和抉择，而不会想要买什么就拿什么。

总而言之，无论用什么样的方法引导孩子，培养孩子的金钱观，都要遵循一个观念，那就是对待金钱既要有努力争取、取之有道的观念，也要有不贪图、不贪婪的觉悟。这对孩子而言非常重要，将会影响他的人生。

八、孩子如何对待金钱，即如何对待人生

可以用金钱奖励孩子吗？

用金钱奖励孩子，相信是很多父母都在做的事情。比如孩子考了班级前10名，奖励100块钱，孩子考了年级前5名，奖励500块钱……又或者孩子完成了比较难的任务，奖励200块钱……诸如此类，不一而足。

的确，用金钱来奖励孩子十分省心，无须绞尽脑汁去考虑买什么礼物，做什么事情满足孩子。但是用金钱奖励孩子的这种做法，真的可取吗？

教育专家认为用金钱来刺激孩子学习，在短时间内可能会取得一定的成效，但这种效果是短期的，不具备可持续性，同时可能具备很大的负面作用，对孩子的健康成长不利。

首先，事事都用金钱奖励孩子，会对孩子造成一种心理暗示，孩子可能会认为我做这件事本身的意义并不明确，但能够获得金钱，这才是我最终的目的。这就是本末倒置了。例如有些家长用金钱来激励孩子考个好成绩，那么孩子可能会在金钱的驱动下努力学习，但他并不清楚努力学习的意义并不在于金钱的奖励,而在于掌握知识、增长见闻。这种做法会模糊了孩子做事的概念,从而将追求金钱当成了第一目标。

这样做的后果,就是让孩子产生膨胀心理。因为他会认为金钱是万能的,而自己已经拥有了一定额的金钱,很容易滋生享乐主义。孩子的分辨能力还比较弱,他们是很难明白父母奖励金钱的目的并不在于此,但是他们只看到了结果。

因此,我不提倡用金钱来奖励孩子这种方式来刺激孩子去做某件事。一来这种方式所带来的结果只是短暂的,二来会对孩子的金钱观造成消极影响。

那么,该如何奖励孩子?其实很多时候,孩子的世界跟大人不同,他们最需要的也根本不是金钱,而是大人的关爱和关心,是精神上的鼓励与陪伴。这又回到前面我们所谈到正强化和负强化上来,一方面我们可以用赞美、拥抱、亲吻、肯定或者孩子心仪的礼物来奖励孩子;另一方面我们可以免除一些孩子不喜欢的任务,用负强化来达到奖励的目的。

Part 9

当物质不再匮乏

孩子缺少关爱的表现

（1）渴望大人的关注

随着二胎政策的开放，由孩子争风吃醋引发的问题也频频发生。很多父母抱怨大宝不疼爱二宝，经常打二宝，让大人很无奈。新闻也报道了很多由二胎引发的悲剧，例如姐姐把弟弟从楼上阳台扔下去，哥哥趁父母不注意，把弟弟的胳膊踩骨折了，等等。

很大一部分原因，是父母在怀了二胎之后，过度关心新生命，疏忽了大宝宝的感受。自从父母肚子里有了弟弟妹妹，大家的注意力都转移到妈妈身上。以前最喜欢妈妈的怀抱，可是现在妈妈不能抱他了，因为妈妈肚子里有弟弟妹妹，怕伤害到弟弟妹妹。弟弟妹妹出生后，大家来到家里都是只给弟弟妹妹买东西，对着弟弟妹妹笑，大家不再夸他可爱，而是跟他说，要爱弟弟妹妹，要保护弟弟妹妹。所有人围着弟弟妹妹转，没人理他……

大宝经常打弟弟妹妹，跟弟弟妹妹抢玩具，抢食物，对大宝而言，弟弟妹妹是他的敌人，抢走了他的爱。

其实，给二宝最好的爱，是哥哥姐姐的疼爱。要培养孩子的责任心，

让他对弟弟妹妹有种责任感,对帮忙照顾弟弟妹妹有种成就感。

有时候,孩子忽然变得很爱生病,这个时候父母也要检讨,是否最近忽略了孩子?因为只有他生病了,爸妈才会紧张,会关心他,会陪他睡觉。他喜欢生病,喜欢被关心、被呵护的感觉。

同事有段时间经常出差,在她工作忙碌的那段时间,孩子经常生病。后来,她工作恢复正常,每天准时上下班,孩子的身体又变得健健康康,活蹦乱跳的。

另外,孩子在家搞破坏,故意引起大人的注意,也是因为缺乏关爱。哪怕后果是被父母骂,但是对孩子而言,至少父母能注意到他的存在。

(2)脾气暴躁,情绪不稳定

周末到朋友家,在跟朋友聊天的时候,她5岁的儿子一直在家里捣乱,一会儿闹喝水,一会儿因为玩具卡住发脾气,一会儿摔东西。朋友一脸歉意望着我,说:"吵到你了,这孩子性格不好,我没看着他,他就静不下来。"

我走到孩子身边,问他:"宝贝,这个红色飞机很漂亮哦,叫什么名字呢?"

孩子很兴奋地说:"阿姨,这个是超级飞侠的乐迪,他飞得好快好快的,而且他还会变形,可以变成机器人。"

我表现出很感兴趣的样子,拿起飞机在空中转一圈,孩子很高兴地叫着:"哇,飞起来了,飞起来了。"

玩了一会儿飞机,我又陪他玩小火车。问:"宝贝,这个蓝色的火车是什么呀?"

他跑到我身边,说:"阿姨,这个是托马斯火车头,可以拉货的。它还有个烟囱,开起来的时候火车会轰轰响。"

我把火车放在地上走,孩子嘴里发出"轰轰轰"的声音,积极配合,很认真。

玩得正欢的时候,孩子的爷爷奶奶来接他过去吃晚饭,顺便在那边过周末。朋友很高兴,用最快的速度收拾孩子的东西,半推着把孩子送走了。

我说:"你这态度让孩子很受伤哦。"

她笑呵呵地说:"孩子习惯了,没你说的那么敏感。"

我否认她的说法:"你错了,我们刚才聊天的时候,孩子之所以急躁捣乱,并不是因为他性格问题,而是想吸引你的注意,让你陪他玩。你看,我跟他玩的时候,他情绪多稳定,一直很开心。其实孩子需要的很简单,只是父母的陪伴。"

朋友停止手上的动作,问我:"真的这么严重?可是孩子去爷爷奶奶那里,据说很乖巧,也不会发脾气。"

我点点头,说:"是的,就是这么严重。孩子在爷爷奶奶面前肯定不会发脾气啊,因为爷爷奶奶全程陪他玩,不像你这样忽略他。而且,他其实是要你给他关注,不是要爷爷奶奶。所以在爷爷奶奶面前,他的一切坏情绪的发泄,都没有任何意义。"

朋友听完若有所思,然后打了电话给爷爷,说要去爷爷奶奶家住,跟孩子一起过周末。

其实,在孩子忽然无理取闹的时候,父母就要思考,孩子是不是在表达什么?发泄什么?孩子是很容易满足的,只要父母给予足够的陪伴,孩子觉得安心,他们自然变得温和、乖巧。

(3)内向自卑,消极悲观

这类孩子多数出现在"留守儿童"身上。他们长久和父母分离,没有

九、当物质不再匮乏

得到父母的关爱,父母偶尔打电话回家,也是督促他们要听爷爷奶奶的话,要好好学习,没有嘘寒问暖。对他们而言,电话传递不了温度,替代不了父母的存在。他们缺乏关怀,没有人鼓励,生活的期待就是父母一年一次的归来。在他们内心深处,他们是被遗弃的。所以,他们很自卑,觉得是自己不够好,性格越来越内向,不爱说话。

很多人认为"留守儿童"的内向是因为穷,其实比穷更伤害孩子的是跟父母的分离。对孩子而言,父母就像山一样的存在,有父母的孩子才有靠山。于家庭而言,父母又像家里的灵魂,没有父母的家空荡荡的。

"留守儿童"不代表只是留在老家的孩子,城市也有很多隐形的"留守儿童"。父母虽然就在身边,但是早出晚归,忙于工作。有可能孩子晚上睡觉了,父母还没回来;早上孩子上学了,父母还没起床。孩子很恐惧,会质疑自己的存在是否有意义,怀疑自己,怀疑人生,渐渐产生消极悲观的情绪,甚至有些动了轻生的念头。因为,他们找不到存在的价值。

有一位学员,家境很好,是他们的爸爸妈妈送过来学习的。她很没有安全感,跟她相处,可以感觉到她很紧张。后来通过了解,发现她很不自信,爸妈送她过来学习,也是为了加强她的信心。但是,显然,父母方向错了。她的不自信,是因为长期缺乏父母的关怀,鼓励。

我想约见她父母,跟他们谈谈孩子的心理需求。就这样一次简单的见面,我约了差不多一个月。看他们工作繁忙的程度,我终于理解了孩子的心情。难怪孩子说,有时候十天八天没见到父母,哪怕住在同一个房子里面,她于父母而言,也像空气一样存在,没有任何意义。

当我把孩子的低落的情绪告诉他们,也跟他们强调了孩子不自信的原因来源于长期缺乏关爱时,他们很意外。

爸爸说："怎么可能？家里有保姆，每个月给的零花钱也比其他同学多。"

我说："保姆不是家人，金钱买不了亲情。"

妈妈开始反思："或许是吧，我已经记不起我多久没有跟孩子好好聊天了。那接下来我们该怎么办呢？"

我说："不用很麻烦，每天陪孩子聊聊天，让孩子感受到你们的爱。让她知道，她是因为爱而存在。"

如果用心留意，你会发现那些在父母的关爱中成长的孩子，都特别自信、乐观，每天都笑容满面。因为他们的内心有充足的爱，对生活充满感激和热情。

（4）自私，不懂付出

孩子对爱的需求，是永远不会满足的。他们需要很多爱，在他们还没有朋友，不接触爱情的年龄，能感受到的爱，只有父母爱。

父母的爱，让他们懂得什么是付出，也因为他们很幸福，所以懂得怎么样去分享幸福。但是，如果孩子从小缺乏爱，他的内心是空虚的，他只想汲取大量的爱，去温暖自己的心，根本没有心思去爱别人。

很多父母埋怨过孩子不够关心自己，其实很大一部分原因是因为孩子小时候没有得到父母充足的关爱，他们不懂爱。

在孩子渴望爱的年龄，没有得到他们应得的爱，他们会在期待中慢慢失落，层层失望会把他们包裹起来，渐渐形成孤僻自私的性格。他们在自己的世界里慢慢舔着伤口，把对父母的期望转变成对人性的失望。不相信别人是爱他的，也不再付出爱。别人对他再好，他都觉得是虚伪的，不会给人任何回应。

我有一位关系比较好的亲戚，因为是双职工，恰逢独生子女政策，所以二胎生了之后寄放在妻子娘家，每个月固定汇钱回去，每年看望一次孩子。孩子渐渐长大，但是性格冷漠，自私，对外公外婆态度恶劣，觉得他们是拿钱养他而已。对父母充满怨恨，觉得他们为了工作不要他。现在孩子已经在读高中，申请了住校，除了每个月准时要生活费，其他时间从来不联系家里人，仿佛天生就是孤儿，只有他自己。

"孩子很可怜。"我这样跟我妈妈说。她说："可是父母也很无奈，如果把孩子带在身边养就要丢了工作。"

我不认同这样的说法，既然在政策内生小孩，就要知道有得有失。否则的话，就不应该生这个孩子。这是对孩子不负责任，也难怪孩子会有怨恨。

妈妈说："也不是不负责任，至少每个月给了生活费，吃饱穿暖生活无忧，比那些穷人家的跟在在外打工父母身边的孩子好多了。又是自己的外公外婆，跟自己父母照顾没什么区别。"

我很难理解为什么外公外婆跟父母没有区别。在孩子的成长路上，父母是无可取代的。不管我强调多少次，给孩子爱胜过一切金钱上的补助。可是总有人说，金钱可以弥补一切。

金钱，谁都可以拥有，钱没有了可以再赚。而父母的爱呢，是独一无二的。失去了就失去了，再也找不回来。父母为了赚钱，把他遗弃了，外公外婆拿了钱，所以养大他了。在他的世界里，是没有爱的，只有金钱。

或许，别人会觉得他无情，可是如果细想一下他从小到大得到的爱，会发现，其实他的世界很贫瘠，根本没有多余的爱可以付出。

所以，如果想要孩子付出爱，首先得让他得到很多的爱，就像我们大人一样，得自己得到足够多的，才会分享给别人。小孩的心思，也不过如此。

2

爱是无条件的，但不是无原则的

极少有父母不爱自己的孩子，特别是70年代末独生子女政策出来后，父母对孩子更是含在嘴里怕化了，捧在手上怕摔了。对孩子过分的溺爱，让很多父母忽略了爱是无条件的，但不是无原则的。

前段时间，网络上很多文章在"讨伐"熊孩子。最后大家得出一个结论，每个熊孩子的背后都有相对的熊父母。这时候父母可能会喊冤，我不过是遵从孩子的天性，让他快乐成长而已。的确，我们不过分干涉孩子的行为，但是我们得在孩子行为上有偏差的时候，及时纠正。你不好好教导，让他遵守社会规则，恪守做人的原则，给别人造成麻烦，就是你的不对。这还只是孩子小时候的一些小吵小闹给别人带来困扰，但是真正的影响，是等他长大了，会形成自己错误的"三观"和习惯。

王女士第一次来的时候，我觉得她很豪爽，明事理，给人感觉很讲信用，很有原则。但是，第二次她带了她的儿子过来，我就发现她有些错误

九、当物质不再匮乏

观念。

见面的时候,王女士介绍说:"这是王老师。"他随意点点头,算是打招呼。然后直呼王女士"庄庄",王女士全名是王如庄。也就是说,这个13岁的孩子,直呼妈妈的名字。王女士笑呵呵说:"你这孩子,给我正经点儿。"

我跟王女士交谈的时候,小斌在办公室乱逛,看看这个,摸摸那个。后来回到王女士身边,一脸无趣地跟王女士说:"庄庄,我们走吧,也就这样,不好玩。"

王女士瞪了他一眼,说:"还不知道紧张,明年就要初中考了,再不好好学习,我看你明年怎么办。"

小斌扬扬下巴,无所谓地说:"行就行,不行就不行呗。走啦走啦,我要回去看我养的小乌龟呢。"

王女士一脸无奈,跟我不停地道歉,然后就被小斌拉回去了。后来,她给我打电话,说培训的事得先搁下,因为小斌半夜出去玩摩托车,被小车撞断腿,没时间过来了。而且小斌本身也不想来,所以可能要再看看。

我很惊讶,13岁的孩子怎么可以骑摩托车?!

王女士说:"我们也不想发生这样的事情,去年他闹着要学摩托车的时候,就跟他说了要小心点,谁知道还是出事了。"

这是一个失败的教育案例,父母在教育孩子的时候,完全没有原则。过分溺爱,给孩子无底线的自由。不懂礼仪,不尊重父母,完全是随心所欲在做事。他想怎么样就怎么样,他喜欢就好。父母呢,一味地放纵,没有给孩子设定边界,也没告诉孩子要恪守最基本的原则。因为孩子闹着要,所以就忽视国家法律、法规。表面上看,放纵的是自己的孩子,可是，这个孩子随时可能做出伤害到别人生命财产的事。还好没有造成生命危险，只是希望通过这次的教训，他们能理解到爱孩子是没问题的，但是，没有原则的爱，是伤害。

有些父母也很无奈，说："我们也想好好教孩子，让他明白，我们爱你，但是该懂的道理我们还是得教会你。可是家里的长辈过度维护，我们也很无能为力。"

由于中国传统的思想观念，"隔代亲"这个词几乎就是为中国的爷爷奶奶们专设的。很常见的情况是，孩子做错了事情，父母想教育一下，可能都要先过爷爷奶奶这一关。他们说，孩子还小，懂什么呢。可是爷爷奶奶不知道，在他们眼里，孩子是永远长不大的。小时候形成的"三观"和生活习惯，可能会影响孩子一辈子。

有一次，朋友跟我抱怨，她的儿子偷了爷爷的钱去玩游戏，她想教育孩子，爷爷不让，甚至帮孩子隐瞒，说钱是他给的。

我说："这个问题可大可小。在孩子第一次犯这种错误的时候，就要让孩子明白事情的严重性。过分的包容，会让孩子觉得无所谓。现在孩子还小，事情发生在家里，等他长大了，可能就会把手伸向外面。可是，法律不是家规，是不会留情的。"

朋友眉头紧皱，说："是的，我也明白过分的放纵是害，不是爱，可是老人家的干涉让我们很无奈。有一次孩子犯了原则性错误，我骂了几句，爷爷就伤心得吃不下饭。孩子抓住爷爷疼他的心理，也很会哄爷爷开心。我跟我先生就是干着急。"

我想了想，给她提议，你拿一些因为溺爱让孩子走上歪路的案例给老人家看，告诉他，孩子小的时候不知道对错，长辈不引导的话，会对

孩子未来的发展埋下很多隐患。然后要告诉老人家,你们知道他爱孩子,安抚一下老人家。

后来,通过多次跟老人家沟通,老人家终于同意在孩子爸妈教育孩子的时候不再插手。孩子失去爷爷的包庇,暴露了很多缺点和不良习惯,朋友和先生慢慢纠正。孩子一开始很不情愿,慢慢地,他的转变受到周围的人表扬,尝到甜头之后,开始正视自己的言行举止,给自己立规矩,讲原则。

所以,前面提到的,为什么"熊孩子"的责任在父母,是有一定道理的。"子不教父之过",是中国的国情。别用爱的名义去为你自己的过错找理由找借口,孩子不懂,或许会很高兴你的纵容,但是等哪一天,他需要为自己的错误付出代价时,便会怪你小时候没有教育他。

有个死刑犯,从小是在单亲家庭长大的,妈妈对他从来只有溺爱和极度肯定,从来没有纠正错误和引导成长。孩子从一开始的小偷小摸,到打人抢劫,最终犯下弥天大祸。在行刑前,他提出要见自己的母亲。见了母亲之后,他说想再吃一口母亲的奶,结果咬下母亲的奶头。对母亲说:"小时候,不管我犯什么错,你从来没有指正过,没有告诉我不可以。我有今天,就是因为你的放纵和溺爱,我恨你!恨你!"

这是个很偏激的个例,但是道理显而易见。无条件爱孩子的前提下,要教会孩子遵纪守法,恪守做人的原则。

3

了解孩子的需求

父母对孩子的期望,从什么时候开始?当孩子还在娘胎的时候,旁人便问孩子的父母,你们想要男孩还是女孩呀?尚未出世,已经肩负重任。孩子出生后,父母"望子成龙,望女成凤",更多的期望,也接踵而来。很多孩子的一生,都按父母画的蓝图在生活。

婴幼儿时期的孩子,对这个世界充满好奇,他们想碰碰这里,摸摸那里。而通过触觉去认知新事物,是孩子成长的必经之路。但是父母总是大惊小怪,觉得这个世界对孩子而言太危险,他们只想要孩子安安静静成长,免去他们的担忧。却不曾想过,孩子既然已经来到这个世界,就要适应这个世界,父母可以呵护得了孩子一时,却呵护不了一世。父母想要给孩子一座象牙塔,让他们一直在里面安全成长。而其实孩子需要的,是通过父母耐心的引导,获得在这个世界生存的经验和能力。

每年秋季,总有很多小孩生病,这其中大部分原因是父母造成的。当然,并不是父母给孩子穿少了,而恰恰是穿多了。孩子本身热量比较充

足,父母又给孩子穿很多衣服,容易出汗湿透衣服,此刻如果秋风吹起,三两下便感冒了。所以网上盛传一句话"有一种冷叫你妈觉得你冷",这句话能够流传开,代表它说中了网友们的心声。父母总是习惯按自己的观念去理解孩子的世界,而忘记站在孩子的角度去思考问题。真正爱孩子,是了解孩子的需求。

除了满足孩子生理上的需求,我们也要注重孩子精神上的需求。

有一次坐高铁,跟邻座的一个小朋友聊天。那是个很乖巧文静的女孩子,在读小学三年级,跟奶奶坐高铁去爸爸妈妈工作的城市过暑假。因为是"留守儿童"的缘故吧,总感觉她身上弥漫着淡淡的忧愁。

我问她:"马上要见到爸爸妈妈了,为什么不开心呀?"

她低着头,小声说:"开心,我已经半年没见到他们了。"

我不拆穿她,知道她的心结在哪儿,安慰她:"是的,半年时间有点长,你爸妈肯定也很想你了。"

她摇摇头说:"没有,他们不想我,不陪我待在他们身边,也不回来看我。"

我告诉她:"你爸爸妈妈的爱比较含蓄,虽然他们没和你在一起,但是他们正在努力赚钱,给你更美好的生活。"

她猛抬起头,张了张嘴,想说什么,又沉默了。

奶奶在一旁附和道:"是啊,像你那些同学,爸妈都在家种田,同学们都不知道多羡慕你,可以经常有新玩具、新衣服。就你身在福中不知福。"

小女孩把头转向窗口,不说话了。后来她奶奶走开去洗手间,她才跟我说:"阿姨,其实我不要很多新衣服,衣服能穿就好。我也不要新玩具,用心读书就好。我只要我的爸爸妈妈可以在身边陪我,想每天见到他们。

没有爸妈在身边的日子，我很怕，我什么都怕，经常睡不着觉。可是，他们说我这样想不对，总长不大。"

我轻轻摸她的头，告诉她："你可以把你的想法告诉爸爸妈妈，跟他们说，最好的爱是陪伴。如果他们能理解是最好的，但是如果他们不能理解，那就只能你去理解他们的一片良苦用心。大人跟孩子思维上是有差异的，对他们而言，现在赚钱是最重要的，因为钱可以买到他们想要的任何东西。但是他们忽略了，你只是个孩子，给你爱你就快乐。最后，阿姨想告诉你，爸爸妈妈是爱你的，只是爱的方式不对。"

话刚说完，老奶奶就回来了，孩子又保持沉默了。我不知道我的话是否可以影响到孩子的心情，让她感受到更多的爱。但是我知道，她父母表达爱的方式肯定是错误的。或许他们应该好好跟孩子聊一聊，问问孩子内心的需求是什么。满足孩子的需求，才是对孩子最大的爱，不是吗？

"己所不欲，勿施于人"，这句老话很多人都懂，于是很多人有种心理，己所欲，施于人。特别是父母，因为爱自己的孩子，更是将这句话执行到底。把自己想要的强加给孩子，殊不知有时候是汝之蜜糖，彼之砒霜。这话听起来有点言过其实，但是有些父母的所作所为，有时候真的给孩子带来终身性的伤害。

阿罗是我的高中同学，上学的时候成绩很好，人也长得很漂亮，当时在学校是"女神"之一。因为追求者众多，她对自己的美貌深信不疑。每次说起未来，都信誓旦旦说一定会和属于自己的白马王子过上幸福的生活。

但是最后一次见她，我都不敢叫她的名字，怕认错人。她在酒店当服务员，我去酒店参加聚会的时候遇到了。那天特意等到她下班，跟她叙叙

旧。高中毕业后，我们已经十几年没见面了。

原来，她大学毕业后，就被父母逼婚，嫁给了当地一个有钱的"富二代"。尽管自己百般抗拒，但是父母认为对方有钱，嫁过去就是少奶奶，骂她不知好歹，甚至一哭二闹三上吊，最后她还是妥协了。结婚后，丈夫一直不做事，整天就是吃喝嫖赌。还好生活无忧，她也就专心当她的少奶奶，其他事情一概不理。后来家公经营的公司资金链出问题，破产了，偌大的家业一下子没了。丈夫懒惰成性，不肯出去工作，只能靠她赚钱养家。因为毕业后好几年没工作，也没什么专长，最后到酒店当服务员。

我对她的遭遇深表同情，觉得她父母欠她一个道歉，虽然这个道歉没有任何价值，但是，至少得承认当年他们犯了错。

父母给予的和孩子需要的，这两者之间真的就不能有平衡吗？其实，父母唯一想要的，就是自己的孩子幸福。父母如果无法满足孩子的需求，至少要了解孩子的需求，不要让爱成为他们追求自己幸福的绊脚石。

后 记

行文至此，本书已经走进了尾声阶段。其实，写这本书对我本人而言，也是一场修为。我在写书过程中，收获了非常多。大量阅读相关文献与素材，探索前人的教书育人、德育慧人的经验与智慧，同时也不断收集、整理过往自己亲身经历的案例或见闻。结合自己所学的心理学、教育学、大脑开发等等领域的知识，再融合实践所得，展开阐述、探讨与研究。

在此我非常感谢信任我的家长与孩子们，在我写书的过程中给予了极大的帮助。他们向我分享他们从我这儿学习到的，获得的知识与经验，以及他们在我们机构的成长与进步。这让我感觉到身为一名教育人，真的是非常幸福的一件事，成就感满满，也深感自己所从事的职业意义非凡，能够为人们的人生带来思考、转机与更多的可能性。

身为一名教育行业从业人员，我总是担心自己所学、所积累的东西不够。多年来我一直如饥似渴地汲取知识养分，就为了给相信我的家长、孩子们满意的结果。写这本书的初衷，是我见过太多爱孩子而不得其方，教孩子而不得其法的家长，他们徘徊在育儿的怪圈里，迷茫、困惑、不解，他们也许都还不清楚自己的人生应该如何度过，更妄论引导孩子。

但这些家长往往又是最深爱孩子的一群人，他们绞尽脑汁为孩子报各种各样的兴趣班，让孩子学这个学那个，给孩子买所有孩子想要的东西……他们倾尽所有对孩子好，却往往忽略了孩子真正需要的是什么。

教育孩子，大多数时候并不是轰轰烈烈的，而是要从日常生活中的点点滴滴做起。孩子的心中有一座城，每一件发生在他生命里的小事，都是构建那座城堡的沙石砖瓦，每一点每一滴都很重要。孩子所说的每一句话，每一次低头，每一个手势，都可能体现了他的想法、观点，都可能是家庭教育中有待开掘的细节。父母要留心观察孩子，从"心"去留意孩子真正需要被教育、被指正的行为。不要小看任何一次的乱扔垃圾，打人或者乱翻别人的东西等。

在本书中，我多次谈到要尊重孩子。你想让孩子成为什么样的人，自己就首先得是什么样的人。你想让孩子成为自信、大度的人，那么自己就不该唯唯诺诺、瞻前顾后；你想让孩子懂事明理，自己就不要无理取闹；你想让孩子成为开朗耐心、温和细致的人，自己就不要暴躁无常，急躁易怒；你想让孩子尊重长辈，自己就要善待父母与老人家……

其实道理都很简单，但真正做到的人并不多。为人父母是一场修行，人生茫茫，我们只是陪伴孩子走过一段旅程的"旅友"。但在这段有限的人生阶段里，如果我们能够尽自己所能，带给孩子科学正确的教育方式，他的将来会走得更顺遂，少绕弯路，也能活得更加轻松自由、自信愉快。

在本书中，我谈到了教育的终极目的，是培养"幸福人"与"优秀人"，我从心理、身体、道德、意志、成就等方方面面展开了阐述。着重谈这点，是因为我希望广大家长明白，很多时候孩子的人生价值并不在于取得多么光辉夺目的成就，也不在于赚多少千万多少个亿的金钱，而在于他们充实、愉快地度过自己美好的人生。其实，我们谁又不是这样呢？

家庭教育的影响是终生的。因此，德国教育学家福禄贝尔曾说过，国家的命运与其说掌握在当权者手中，倒不如说是掌握在母亲的手中。福禄贝尔强调母亲的教育对于人类的影响与重要性，当然，他只是用"母亲"一词指代家庭教育，并不是说父亲对孩子的影响就比较小。但我在此还是要强调，其实父亲与母亲的地位是等同的，也呼吁所有的父亲承担起教育孩子的责任，做孩子最好的导师与引路人，绝不做缺席的父亲。之所以这样做，是因为在我们国家，很多父亲的角色似乎并不是那么的清晰。为生计奔波忙碌，在外面冲锋陷阵，但面对孩子却一无所知，是当今很多父亲的真实现状。因此，我要再三强调，父亲也要担当起教育孩子的重担，陪伴孩子一同成长，给予孩子最多的关爱，最科学的教育。

谨以此书献给全天下对家庭教育感到困惑、彷徨的父母。英国著名教育专家夏洛特·梅森认为，我们如果想要成功地教育自己的子女，必须不断地理解自我教育。这也就是说，父母不但要全面了解孩子，还要充分了解自己，包括自己采取的教育方式，自己的行为举措，自己的人生轨迹等，会对孩子造成什么样的影响，进而不断修正自己的行为与教育方式。在这个过程中，父母与孩子一同，都需要成长，需要改变。

让每一个孩子有温度、有尊严地长大，成为一个优秀的人、幸福的人，就是我此生的追求与愿景。为了这个目标，我会一如既往地努力，精益求精，为广大家长带去更加科学、更加高效的教育方法。